中国出版家丛书
ZHONGGUO CHUBANJIA CONGSHU

国家出版基金项目
NATIONAL PUBLICATION FOUNDATION

中国出版家
杜亚泉

Zhongguo Chubanjia
Du Yaquan

柳斌杰 主编　　刘晓嘉 著

人民出版社

出版说明

　　出版不仅仅是一个充满竞争的商业领域，同时，它也深深打上了"文化"和"思想"的印记。在这个文化场域中，交织着多种力量的动态关系，通过出版物的呈现和出版活动的开展，描绘了一个时代的文化风貌；而回旋折冲于其间者，则是那些幕后活跃、台前无闻的各类出版人。他们自喻"为他人做嫁衣裳"，事实上，却是国家文化传承和历史记录的主要担当者，有出版发展的参与人和见证者甚至称他们所起的作用为保存民族记忆的千秋大脑。虽然扼据出版要津之地，却少见自家行当的人物传记出版。本丛书是第一次规模化地为这个群体中的杰出者系列立传，从一个人到一群人的出版事功中，折射出近代以降出版业的俯仰变迁，同时也见证着出版参与时代文化思想缔构及其背后深广的社会历史内容。那些曾经彪炳于时的出版人，一方面安身于这个行业，以其敏锐犀利的时代洞察，在市场、经营与创意中躬行实践，标领乃至规划了这个行业的发展，并使之成为国民经济的一个重要门类；另一方面又在"安身"之外，显现出面向社会的公共性关怀与"立命"的超越性关怀，从职业而志业的追求中，服务于民族解放、思想启蒙与文化进步的社会性经营，书写了出版人生的风采、风骨与风流。

本丛书所传写的 50 余位出版人，均为活跃于 20 世纪并已过世的出版前辈。中国古代也曾涌现了陈起、毛晋等出版大家，只是未纳入本书的传主范围。丛书在体例上，有单人独传与多人合传之分，但这并不必然意味着对传主出版贡献及其历史地位的轻重判别，许多情况下的数人合传，乃困于传主史料的阙如而不得已的选择，某些重要出版人如大东书局总经理沈骏声、儿童书局创办人张一渠等，也囿于同样情形而未能列入本丛书的传主名单，殊觉憾事。虽说隐身不等于泯灭，但这个行业固有的幕后特征多少带来了出版人身份上的隐而不显、显而不彰。本丛书的出版，固然是想通过对前辈出版事迹的阐幽发微、立传入史，能让同样为人做嫁衣者的当今出版人不至于觉得气类太孤，内心获得温暖，并昭示后来者在人生目标上，在家国情怀上，在出版境界上，追步于前贤，自觉立起一面促人警醒自鉴的镜子；同时更希望通过一个个传主微历史的场景呈现，让更多的人认识到出版在产业之外，更是一项薪火相传的社会文化事业，它对时代文化的接引与外度，使其成为一种任何人都不可忽视的"势力"，在百余年来的社会发展进程中，发挥了不可替代的作用。

故此，我们推出这套"中国出版家丛书"，以展示中国文化创造者的风采，弘扬他们的优良传统和崇高的职业精神，发掘出版史史料，丰富出版史研究和编辑史研究。

"中国出版家丛书"编辑委员会

人民出版社编辑部

二〇一六年四月

目 录

前　言

　　历史是诸多因素的总和，是各种人物、事件交织在一起的合力运动。历史总是与现实紧密相连，而对历史上具有代表性人物的研究，往往能折射出某种历史现象，从而为当下提供必不可少的借鉴。雅斯贝尔斯认为：人是一切问题的中心，一切源于人，归于人，历史的问题归根到底是人的问题。出版最核心的要素，当然是人；做出版史研究，当然离不开对出版史上具有代表性意义的人物的研究。杜亚泉（1873—1933）便是中国近代出版史和文化史上的代表性人物之一。

　　晚清以降，中国的封建统治到了最腐朽、最没落的时代。随着帝国主义列强对中国的入侵，坚船利炮轰开闭关锁国的大门，延续数千年的封建王朝统治摇摇欲坠，社会矛盾、民族矛盾空前尖锐。1905年，延续了1300年的科举制被废除，传统的士农工商为主体的四民社会宣告解体，中国社会出现了深刻的变化。严复把废科举视为"吾国数千年中莫大之变动"，认为废科举的重要性等同于秦的书同文、车同轨等影响深远的事件。在科举制废除之后，传统的士人经由科举进入庙堂的途径被堵死，他们被迫重新寻找自己的社会定位，有的逐渐向现代知识分子转型。杜亚泉正是他们中的一个具有典型意义的代表。

在近现代出版大家中，杜亚泉是独具个性、不可遗忘的一个重要人物。自 1900 年其到上海创办《亚泉杂志》，到 1904 年应张元济、夏瑞芳之邀任商务印书馆编译所理化部主任，再到 1933 年 12 月因病溘然长逝，可以说，他把一生都奉献给了出版文化事业。

杜亚泉对近代中国的出版文化事业有着不可磨灭的贡献。在商务期间，杜亚泉不仅"编著自然科学的书数百种"，成为中国近代科学出版的先驱，还入主《东方杂志》近十年，对《东方杂志》实行了大刀阔斧的改革，使其成为近代中国影响最大的刊物之一。这也是杜亚泉奠定自己在中国近代出版史上地位的两大主要功绩。

杜亚泉幼时受过正统儒家教育，16 岁即中秀才，显然，儒家的思想文化应该会对杜亚泉产生重大的影响。但是，杜亚泉在其漫长的出版生涯中，从表象上看，更多的是以西方近代自然科学推介者的身份出现的，似乎与其所受的儒家传统教育并无关联。但如果对他的整个教育背景、社会活动以及出版实践做一个多维度的历时性考察，便可发现其中千丝万缕的复杂联系。杜亚泉在思想文化上是相对"保守"的——在当时的大气候下，他主张调和论、渐进论，而在出版活动中他又仿佛是引领潮流的——积极对西方自然科学进行介绍。这看起来十分矛盾，不过，又完全可以统一在儒家文化的人格之下，即"体"上注重对固有民族精神的发掘，而在"用"上则推崇西方现代科学知识。

研究杜亚泉，应该回到历史现场，将他置于当时的时代背景之下，从他的生活经历特别是教育经历出发，梳理他思想变化的脉络，并根据他的出版实践活动，分析他的文化思想与出版理念的内在联系。只有这样，才可以探清杜亚泉在文化思想与出版实践上看似矛盾分裂的两端，从而提供一种视角，即：在当时的社会背景下，按照费正清的西方刺激—中国反应的模式，杜亚泉这一类知识分子，是如何对西方的种种文化思潮做出反应的；他们通过自己的文化实践活动，是如何完成由传统士人到现代知识分子的转型的；又是如何重新建构自己的社会定位，实现知识分子特有的功能的。在西方思潮的冲击之下，中国知识分子被迫做出回应，杜亚泉的回应是那个时代的代表性方式之一。任何文化思想都有时代性意义和超时代性意义，五四新文化运动的影响绵延至今，重新审视杜亚泉的文化思想，理性而审慎地对待传统的承袭与改造，理智而包容地对待外来文化思想的借鉴与吸收，对今天的文化建设，依然有重要的意义。另外，杜亚泉作为商务印书馆理化部负责人，编著自然科学方面的书百数十种，这些书在当时大都销行一时，有很大的反响，为商务印书馆带来了良好的社会效益和经济效益；他主编的几种期刊，也影响甚大。杜亚泉在近代出版上的贡献，对近代中国的科学教育和文化启蒙起着不可替代的作用。今天我们总结杜亚泉的出版理念与经营实践，对当下出版活动也有很强的借鉴和指导意义。

综观目前对杜亚泉出版理念及实践的研究成果，从数量上看并不算多，相关专著尤为少见，这与杜亚泉在近代思想文化史和出版史上的地位并不相称。改革开放以来，随着学术风气的逐渐宽容，对杜亚泉的研究成果虽日趋增多，甚至一度出现所谓的"杜亚泉热"，但总体来看，仍存在一些局限和不足。

第一，个案研究多，总体研究少。已有的对杜亚泉研究的成果，多从某个时段或某个历史事件入手。如研究杜亚泉在近代科学出版上的贡献，许多论者从其早期创办的自然科学期刊《亚泉杂志》切入，进行个案研究；或以某个时段为节点，研究其在这个时段中的出版实践活动，如围绕杜亚泉主笔《东方杂志》的这一时间段进行研究；或依托某一事件，如杜亚泉与陈独秀的东西方文化论争，以此为据来展开研究。缺乏对杜亚泉整个一生总体教育经历、出版实践等的历时性考察，因而对杜亚泉文化思想和出版理念的形成、发展、演变的总体脉络梳理得不够清晰。

第二，缺乏将其置于社会转型场域中的考察。社会的变迁和转型，传统的延续和断裂，对处于特定历史场域中的人们，影响是巨大而深刻的。已有的研究成果，多就杜亚泉本身的文化思想和出版理念展开论析，但对杜亚泉的文化思想的来源，其所受到的思想环境的影响，特别是废除科举对那一代知识分子包括杜亚泉的影响，缺乏共时性的考察。

第三，对杜亚泉的文化思想和出版理念的关联性缺乏深入研究。杜亚泉在出版上，尽力推介西方自然科学知识和西方各种思想文化，显得相对激进；而其在文化思想上，秉持"调和持中"和"文化统整"，显得相对保守。已有研究，要么聚焦在其出版实践和出版理念，要么聚焦在其文化思想，而对这看似矛盾的两个方面之间的联系，则研究不多。实际上，这二者不是分裂的，而是具有深刻的内在关联性。

第四，对杜亚泉缺乏从学术本身出发的客观评价。早期对杜亚泉的悼念性文章，大都能肯定杜亚泉在编辑出版和普及教育上的功绩。后来对杜亚泉的研究，很长一段时间出现了空白。改革开放以来，对杜亚泉的研究出现了几种倾向（主要是围绕东西方文化论争）：一是依然贬抑杜亚泉，认为杜亚泉是保守主义的代表，阻碍了新文化运动的发展；二是各打五十大板，认为杜亚泉和陈独秀各有其长，各有其短；三是过度拔高杜亚泉，认为杜亚泉代表了理性的启蒙主义，其文化思想意义更为深远，也更适合中国的发展。这几种倾向实际上都没有完全脱离"以学术为荃蹄"的窠臼。学术本身应该摆脱功利性的评价，它既和历史共生共发又有超越历史的意味所在。学术不是工具，评价一种文化思想，应该从学术本身的维度出发来进行。而已有的研究，则多是以其对新文化运动的促进或者阻碍来进行考量。

清末民初，在西方文化科学思想的冲击下，中国传统文化思想也在逐渐发生变化，传统士大夫逐渐蜕变为现代知识分子，杜亚泉正是生活在这样一个时代。那么，为杜亚泉作传记，仅仅简单去梳理他的生平、他的事功恐怕是比较单薄的，而是要通过他的生平、他的事功来剖析他的文化思想和出版理念，并将其置于当时转型的社会场域之中，从社会环境的剧烈变迁来分析其思想脉络变化的轨迹，这样才能呈现一个有血有肉、思想丰富的历史人物。

杜亚泉的出版活动，有几个问题特别值得注意。一是杜亚泉自小接受正统的儒家教育，为何转而倡导科学特别是反映在出版活动上倡导自然科学？他的这一转变是完全抛弃旧学，还是儒家知识分子从"尊德性"转向"道问学"，从水间林下的空谈心性转向经世致用，只是把西学当作经世致用的一种工具？二是杜亚泉折中调和思想的来源及这一思想对其出版理念的影响，抑或说他的出版活动与其折中调和思想有无必然的内在联系？三是杜亚泉与陈独秀等的论战对《东方杂志》影响甚大，杜亚泉逆潮流而行，是否与其恪守儒者的人格理想有关？我们今天如何评价他的这一行为？他的行为对我们今天的出版活动有何启示？当然，作为一本传记，主要的任务不是解决这些问题，但本书在叙述杜亚泉的出版实践活动时，会述及这些问题。

"情境可以被理解为一个人对其周围生活世界的感性认识的核心。"[1] 所谓情境，就是一个人所处的客观环境，也就是他所生活的世界。一个人思想的形成，必然受其家庭环境、教育经历、生活工作实践等多种因素的影响。因此，杜亚泉的出版实践和出版理念，和他的教育经历，包括他所受的科举教育密切相关，以儒学为代表的传统文化和他孜孜不倦自学的西方近现代科学文化知识对他的思想都有深刻的影响。杜亚泉早期自办科学期刊的出版实践和在商务印书馆期间的出版实践，背后都能或多或少地映射出他的文化思想。

杜亚泉之所以成为中国科学出版的先驱，和他所生活的时代背景、所接受的正统的儒家教育及个人经历自然有千丝万缕的联系。而他在当时时代背景下，公开和陈独秀等进行论战，最终被迫离开《东方杂志》，离开商务印书馆，在贫病交加中溘然长逝，无疑也与他所持的思想观念密切相关。

任何历史都是当代史，都是当代研究者对历史的解构和重建。出版史当然也不例外。本书希望通过梳理杜亚泉的生平以及他在文化教育特别是出版活动上的事功，阐述杜亚泉在思想文化上的"保守"（在当时的大气候下，主张调和论）与其在编辑活动中的先进（积极对西

---

① 张灏：《危机中的中国知识分子》，新星出版社 2006 年版，第 5 页。

方自然科学进行介绍）统一在儒家文化人格之下的必然性，即"体"上注重对固有民族精神的发掘，而在"用"上推崇西方现代科学知识。儒家的修齐治平的理想人格与格物致知的经世致用思想能够解释杜亚泉在出版活动和文化思想上看似矛盾的表现。杜亚泉根深蒂固的儒家文化思想孕育、催生了他的出版理念。

第一章

少年英才负壮气

人的思想受其早期教育经历影响巨大。自隋唐以来，科举便是中国传统教育的指挥棒。而清末科举废除以后，四民社会逐渐宣告解体，传统士人逐渐向现代知识分子转型。杜亚泉处于这样一个社会剧烈变迁期，无论是正式的还是非正式的教育渠道，都必将对其文化思想形成产生重要的作用，进而影响其出版理念，并规定和制约着其出版实践的开展。

一、幼习举业

清同治十二年（1873）九月十四日，杜亚泉出生于浙江绍兴府会稽县伧塘乡一个商人家庭。

伧塘位于曹娥江以西，鉴湖以东，群峰罗列，如屏如障，是"竹林七贤"之一嵇康的故乡，自古人杰地灵，能人贤士层出不穷。而绍兴更是物华天宝、钟灵毓秀，具有丰厚人文渊源。从卧薪尝胆的越王勾践，到逸气过父的王献之；从元嘉之雄的谢灵运，到锦书难托的陆放翁……历史文化名人数不胜数，更不用说近代以来的秋瑾、鲁迅、蔡元培、周恩来、马寅初、钱三强等。

杜亚泉出生后，父亲给他起名炜孙，字秋帆。虽然晚清以来，传统士人家族日趋衰落，但在当时，对传统士人来说，科举几乎依然是唯一的正途。杜姓在当地算是望族，祖上屡屡有进士、举人。杜亚泉在这样的家族里面，自然也要背负起"姓名书锦轴，朱紫佐朝廷"的职责。他的父亲杜锡三更是对他充满了期望，盼他能够出人头地、光宗耀祖。

像他家这样比较殷实的家庭，藏书都比较多，具有贫寒人家所不具备的读书条件。杜锡三对杜亚泉鞭策甚严，望子成龙的心情十分迫切。好在自幼时起，杜亚泉就非常爱读书，也肯下功夫，学业进步神速。当然，他此时的学习主要还是为了科举考试。寒窗苦读十几载，天道酬勤，杜亚泉16岁就中了秀才，入山阴县泮。一般的家族，如果有特别突出的俊彦子弟，会被整个家族当作标杆、楷模，杜亚泉就被长辈们当作教育子侄的榜样，言必称"秋帆如何如何"。应该说，16岁就能中秀才算是比较早的。才之秀美者为秀才，明清两代，经过科举考试的府试院试进入府州县学的生员，俗称秀才。清朝最后一科举人钟毓龙在其《科场回忆录》中曾感叹道："县考难，府考难，院考尤难，四十二年才入泮。"考取秀才意味着已经进入传统社会的绅士阶层，地位比普通人要高一些，房门都可以比普通人家的高出三寸，享有一定的政治经济特权。巧合的是，倡导"实业救国"的状元张謇也是 16 岁中的秀才。清朝秀才出身的大名人还有洪秀全、陈独秀等。

考上秀才之后，基本的"正途"是应乡试，考上举人，取得入仕为官的资格。像蔡元培、张元济便是。此时，随着知识面和见闻的逐渐广博，杜亚泉已经不满足于偏于一隅，在小地方继续求学了。适逢绍兴的何桐侯高中举人不久，诗文在当地颇有些名气，所以杜亚泉从老家到绍兴，跟随何桐侯学习，致力于清初诸大家之文，上追天崇隆万。清初四大家乃黄宗羲、顾炎武、颜元、王夫之四人。特别是顾炎武，号称清代学术开山祖师，他的"经学即理学"的主张，奠定了清代学术的基本方向。这一时期的基本学术取向是强调经世致用，强调对社会实际问题的悉心观察和研究。这一学术潮流，深深地影响了杜亚泉一生。这一时期，杜亚泉有较为便利的学习条件，他的族叔杜山佳、老师何桐侯家里都有大量的藏书，他便借此机会下苦功夫读书，并与杜山佳、何桐侯两家的子弟朝夕切磋，互相研磨。一位在杜山佳家做长工的老人回忆，夏天一早起来打扫房间时，经常发现杜亚泉在看书，吃饭也要叫几次才去吃，别人背后都笑他是"书呆子"。但即便如此，黄金榜上，仍失龙头望，光绪十七年（1891），杜亚泉应乡试未举。虽然乡试的难度相当大，选拔率也比较低，但这毕竟对杜亚泉是非常沉重的打击——天资聪颖，又勤奋用功，却名落孙山，心里的苦闷、失意，是可想而知的。

这一年，新文化运动大将胡适刚刚出生，而国际国内并不太平。国际上，日俄矛盾进一步加深，俄国借修筑远东铁路之机图谋扩大势力范围，想把自己的触角延伸到远东特别是朝鲜；日本明治维新以来，也希望借助朝鲜作为今后势力扩张的跳板，朝鲜一时成为日俄觊觎的一块大肥肉。清政府在列强环伺之下，对朝鲜沦为被蚕食的目标而忧心忡忡。因此，外强中干的清政府大力发展海军，以实施所谓"建威销萌"之策。日本为了制造舆论扩充海军，就想刺探中国海军的具体情况，于是邀请北洋舰队正式访日。李鸿章洋洋得意，以为这是一次不可多得的耀武扬威的机会，亲自安排了这次活动。殊不知，虽然李鸿章电饬丁汝昌严加管束部下，但大炮未擦干净、随意晾晒衣裤等现象依然暴露了北洋舰队的军纪不振、战斗力低下，也为日后的甲午海战埋下伏笔。国内，各地教案纷起，康有为创办了"万木草堂"聚徒讲学，宣传改良主义思想，士林中一呼百应，为维新变法打下了理论基础和群众基础。应该是受当时内忧外患局势的影响，加上落榜之后心路历程有所变化，杜亚泉开始觉得帖括非所学，转而跟随其族叔杜山佳治训诂，"尤肆力于许氏之学，罗致群书，昼夜研究。夏季苦热，则以夜代昼，治业每达天明。书室北向，冬遇风雪，则闭其窗户，露一线光，仅能辨字，铅椠其中，终日不出。仆辈咸笑其痴"[1]。实际上，从清代中叶开始，考证学大盛，儒学内部出现了义理、考据、词章的新分类。虽然在理学家看来，文章、训诂两端即为异端，如程颐、王阳明就对"训诂之学"、"记诵之学"、"词章之学"极为鄙薄，但是"清代学者对考据（或训诂）与词章的态度已从否定变为肯定。'训诂明而后义理明'是清代中期儒学主流派所共同接受的前提"[2]，特

---

① 杜山次：《杜亚泉先生传略》，转引自张梓生：《悼杜亚泉先生》，《新社会》第六卷第二号，1934 年。

② 余英时：《文史传统与文化重建》，生活·读书·新知三联书店 2004 年版，第255 页。

别是戴震，对宋儒不研究语言文字而空谈义理的行为十分反感，提出"治经先考字义，次通文理"，对清代训诂学的发展有巨大的贡献。而绍兴人章学诚（1738—1801），学术方面深受戴震影响，提出了"六经皆史"、"经世致用"等著名论断。与章学诚同为绍兴人的杜亚泉，应该也受到这学问三分、治学先须训诂明的学术思想的影响。

光绪二十年（1894）春，杜亚泉赴杭州求学，后肄业于崇文书院。崇文书院始建于明朝万历年间，选址在西湖之滨，跨虹桥西，以"舫课"这种奇异的授课方式而出名。到了清朝康熙时，崇文舫课的名气已经声震天下，康熙南巡亲幸崇文书院，并题写了"正学阐教"和"崇文"两块匾额，崇文书院成为浙江四大书院之一。光绪年间，王国维（1877—1927）也曾在此读书。王国维是浙江海宁人，比杜亚泉小4岁，15岁中秀才。也是在1894年，王国维考入杭州崇文书院，他和杜亚泉有无交集目前笔者尚无确切的资料，但王国维也应当是在此时，对史学、校勘、考据和新学产生了浓厚的兴趣。杜亚泉经过在崇文书院短暂的学习，第二次应秋试，又名落孙山，复归故里。这一年，中日甲午战争爆发，以清政府惨败而告终，尤其让人刺骨锥心的是甲午海战。此时距北洋舰队访日不过三年，这期间的中国，洋务运动初见成效，朝廷开始得意轻敌。19世纪七八十年代，中日的数次冲突，硬实力都是清廷占上风，骄奢之下，清政府放松了军备意识。北洋舰队自1888年正式建成后，几乎没有增添任何舰艇；北洋舰队访日后，连枪炮弹药都停止购买了。甲午黄海海战不过四个多小时，却将三十余年洋务运动的成果化为灰烬。爱国士人，无不痛心疾首。甲午战争战败对中国的影响极大，北洋水师全军覆没，中国割地赔款，国际地位大幅下降，清廷的独立财政终告破产，统治岌岌可危。而诸多传统士子，包括杜亚泉，想来也是痛苦不堪的。

光绪二十一年（1895），杜亚泉应岁试，考经解，独占全郡榜首。所谓岁试，是生员在学时学政主持的一种重要考试，三年一次，"凡府、州、县学的廪、增、附生均须参加。实行六等黜陟法，考优者补廪生、补增生，考劣者停廪生、降等，直至黜退为民"①。值得注意的是，岁试并非秀才取得进身之阶的考试，虽然杜亚泉独占鳌头，但他的身份还是生员，也就是秀才，依然不是可以入仕、具有特殊身份地位的举人。这一年，《马关条约》签订，其主要内容包括：中国承认朝鲜独立；割让台湾岛及其附属岛屿、澎湖列岛与辽东半岛给日本；赔偿日本两亿两白银；开放沙市、重庆、苏州、杭州为通商口岸；允许日本人在通商口岸开设工厂。1895 年 5 月 8 日，中日两国在芝罘（今山东烟台）交换两国皇帝的批准书，条约正式生效。《马关条约》的签订标志着中国半殖民地半封建化程度的空前加深。对如此丧权辱国的卖国条约，国人深感耻辱。受此影响，杜亚泉的心路历程发生了巨大的变化，他开始觉得以前所学无裨实用，对国家孱弱的现状并没有多大帮助，萌生了讲求实学来救民济世的想法。按照杜亚泉自己的说法：

> 甲午之秋，中日战耗传至内地，予心知我国兵制之不足恃，而外患之将日益亟也。戚然忧之时，方秋试将竣，见热心科名之

---

① 张亚群：《科举革废与近代中国高等教育的转型》，华中师范大学出版社 2005 年版，第 19 页。

士，辄忧喜狂遽，置国事若罔闻知，于是叹考据词章之汩人心性，而科举之误人身世也，翻然改志，购译书读之。①

从此，杜亚泉摒弃功名仕途，走向通过实学来救国救民的道路。应该说，杜亚泉想法的转变，和他两次应乡试未售有一定关系，但更多的是当时险恶的国际环境，深深激发了他寻求救亡图存的另一条道路的决心。

二、转求实学

自 1895 年起，杜亚泉摒弃功名，改习数学，由中法而西法，日夜研索李善兰、华蘅芳之书，时以习代数所得与族叔山佳之习天元者相印证，如是两年，数学造诣日趋精深。② 天元术是起源于中国的利用未知数列方程的一种方法，应该说，这种方法在 16 世纪以前，比欧洲先进得多。李善兰、华蘅芳都是清末著名的数学家，同时还是翻译家，翻译了不少国外的数学书籍。李善兰与人合作翻译过《几何原本》后九卷，还有《代数学》等。华蘅芳则与人合作翻译过《三角数理》等书。这些书对杜亚泉都有很大帮助。这样的中西印证，自然令杜亚泉的数学水平突飞猛进。这段学习数学的经历，既丰富了杜亚泉的知识面，也为他日后继续学习化学、生物等自然科学奠

---

① 杜亚泉：《补白》，《亚泉杂志》第十期，1901 年。
② 参见许纪霖、田建业编：《一溪集——杜亚泉的生平与思想》，生活·读书·新知三联书店 1999 年版，第 244—245 页。

定了基础。

1898 年，杜亚泉应蔡元培聘请，担任绍兴中西学堂的数学和理科教员。蔡元培（1868—1940），字鹤卿，又字子民，中国近代著名的革命家、教育家、政治家。他是杜亚泉的老乡，年长杜亚泉 5 岁，从后面我们可以看到，蔡元培对杜亚泉一生的影响巨大。中日甲午战争后，蔡元培和当时很多人一样，心灰意冷，于是在戊戌变法后，辞掉翰林院编修，返回故乡绍兴。绍兴中西学堂是蔡元培实践教育救国理想的起始之地，在蔡元培的教育生涯中具有重要的意义。该学堂是由绍兴乡绅徐树兰捐资并利用一部分府衙的官款创立的。校舍在龙山脚下的古贡院西侧，环境清雅幽静，校舍前面是一条清澈的小河，河的对面是葱绿苍翠、拔地而起的龙山。学生虽然只有三十人左右，但是学的课程却既有经学、词学、实学，又有物理、算学、外文，中西混合，是一所在态度上颇为维新的学堂。蔡元培所请的教员，都是当地俊彦，这其中就有蔡元培后来的挚交杜亚泉。

蔡元培返回绍兴时，算学方面杜亚泉在当地已经小有名气。1898 年 3 月，逢学使按临，组织考试，杜亚泉又考得全郡算学第一。绍兴中西学堂需要聘请有真才实学的人来当教员，所以，1898 年秋，蔡元培刚回到故里，便迫不及待地去拜访杜亚泉。据蔡元培 1898 年日记记载："二十四日甲辰 晴。访杜秋帆，章子筠。"不到两日，杜亚泉即回访蔡元培，"见示算学课程。凡八级"。① 随后，蔡元培向绍兴知府熊再莘力荐杜亚泉为绍兴中西学堂算学教习。虽然杜、蔡二人乃初

---

① 王世儒编：《蔡元培日记》（上），北京大学出版社 2010 年版，第 96 页。

识，但是他们都怀揣一腔救国救民的热血，都接受过传统教育并参加过科举考试，某种意义上，蔡元培还因高中进士而理所当然地为小他几岁的杜亚泉所羡慕、钦佩。从他们后面的交往可以看出，二人应该是一见如故，从此成为一生的朋友。

在这样幽雅的环境中，在这样开明校长的领导下，杜亚泉一方面教书育人，将自身所学的自然科学知识倾力教给学生——后来的北大校长蒋梦麟和北大地质学教授王烈，都曾在绍兴中西学堂受教；另一方面，他还进一步自学了理科其他学科的知识，如物理学、化学、矿物学、动物学、植物学等。当时第一批将西方科学技术介绍到中国的翻译家，就像普罗米修斯一样，把科学的火种撒向中国，特别是上海江南制造局的两位鼎鼎大名的翻译家——傅兰雅和徐寿。傅兰雅是英国人，他在上海生活了 35 年，翻译了大量科学著作，其中的《格物须知》、《格物图说》等，成为当时中国人了解和学习西方科学知识的入门台阶。徐寿不懂外语，他在傅兰雅的口译下进行笔述，从当年翻译出版第一部译著《汽机发轫》开始，共译介了西方科技书籍 105 本、168 卷，内容几乎囊括了自然科学的方方面面，其中尤以化学最为系统，代表性的有《化学鉴原》、《化学考质》、《化学求数》等。傅、徐二氏的书，对杜亚泉接触自然科学，起到了很大的启蒙作用。据蔡元培说，杜亚泉在绍兴中西学堂任算学教员时，"购置制造局傅徐两氏所译诸书。虽无师，能自觅门径，得理化学之要领"[①]。而且，因为觉得东邻日本的科学书籍较多，杜亚泉为了更深入地研究理化诸学科，便和学堂同事一起学习日文，研究日文文法，不久居然能直译日文书

---

① 蔡元培：《杜亚泉君传》，原载《杜亚泉讣告》，开明书店 1934 年代发。

籍。通过自修日文，杜亚泉不仅能够直接阅读日文科学书籍，同时也从日文其他书籍中看到世界的新思潮，这对他来说应该也是影响颇深的。有趣的是，杜亚泉虽然在日语阅读上毫无障碍，但却完全不会说日语。杜亚泉还和蔡元培等一起，于授课之余，乘夜学习英语。杜亚泉的勤奋好学，体现无遗。

杜亚泉的兴趣还不仅仅在自然科学方面，于其他方面也多有涉猎。古代中国是没有汉语拼音的。鸦片战争以后，挽救民族危亡的责任感和振兴中华的热情，激发一些爱国学者提出教育救国的主张。而为了扫除文盲，提高民众识字的水平，梁启超、沈学、卢戆章、王照等掀起了一场"切音字运动"。蔡元培对此也热情甚高，据蔡元培日记，1899年农历二月十二日，"与秋帆编和韵记号，以无字之音，非记号不能读也"；二十六日，"写切音记号一通，寄秋帆"。① 可见，杜亚泉在汉字切音方面也颇有研究，否则不能和蔡元培唱和研讨。

蔡元培在绍兴中西学堂期间，对杜亚泉甚为倚重和信赖，无论是议定学校章程，还是延请日文教习，乃至会见朋友、宴饮郊游，往往都会和杜亚泉在一起。所以后来蔡元培和校董发生矛盾愤而去职，杜亚泉也随之而去完全是可以理解的。彼时他们都还很年轻，同声相应，同气相求，共进共退，是十分正常的事情。

杜亚泉此时除了刻苦自学和勤勉授课，开始把目光投向编写新式教科书。据蔡元培日记，早在1899年，杜亚泉便欲办一蒙学会，并编写相应的新式教材。

---

① 王世儒编：《蔡元培日记》（上），北京大学出版社2010年版，第105—106页。

秋帆欲兴一蒙学会，集同志数人，分编课程书。先于府城开一学堂，会中人为教习，并立师范生数人。教学生二十余人，即以所编之书陆续授之，借以知其善否，随时改定，俟部类略备，风气渐开，乃推之乡镇。适徐仲丈（指徐仲凡——笔者注）来，闻此说，愿任刻书之资。吾辈止须著书，不须醵费，亦快事也。课程拟分二界：初学唯识字、故事、公理三门。附以体操之易者。第二界分读经、阅史、舆图、数学、格致，皆由浅入深。大约以三年为限，今拟先编第一界书，吾任字书，湄莼任故事，秋帆任公理。[①]

这套教材最后编成没有，我们不得而知，但是至少可以确定，杜亚泉此时已经萌生了通过教育和出版来推动科学救国的想法。

在绍兴中西学堂这段时间，应该说杜亚泉在自然科学方面，已经完成了基本的知识储备，这为他后来担任商务印书馆理化部主任打下了坚实的基础。

三、破茧蜕变

清末民初，正处在"三千年未有之大变局"，四民社会瓦解，军人和商人地位上升，士大夫的核心地位受到空前的挑战。

在几千年的中国封建统治中，士大夫作为四民之首，一直处于社

---

① 王世儒编：《蔡元培日记》（上），北京大学出版社 2010 年版，第 105 页。

会政治文化的核心地位。

> 士大夫阶级，在古代中华帝国，是帝国王权制度与社会宗法制度相互联系的中枢和纽带。其表现为两个方面：其一，士大夫阶级所信奉的道统——儒家价值观既是帝国官方的政治意识形态，也是宗法家族社会共同的文化道统；其二，士大夫阶级（亦称为士绅阶级）一身兼二任，在朝廷辅助君王统治天下，在乡野为道德表率和地方精英领导民间。以士大夫阶级为重心，古代中国的社会与国家浑然一体，表现出有机的整合。①

而且，由于中国古代的政治权力只能到达县一级，县与乡野之间，还存在很大的权力真空，而这一真空，是由所谓的地方精英——士绅来填补的，虽然这是一种非正式的权力，但是，"他们是唯一能合法地代表当时社群与官吏共商地方事务参与政治过程的集团。这一特权从未扩展到其他社群和组织"②。

晚清以降，随着太平天国运动的兴起和帝国主义列强对中国的入侵，地方士绅阶层趁机扩大了权力基础，将触角延伸到了除地方文化事务之外的政治军事领域，同时也因为过于政治化而开始其自我瓦解的过程。"一部分士大夫直接转化为政治权力而失去民间的身份，而另一部分士大夫则在新式的建制之下蜕变为新式的知识人。"③ 杜亚泉

---

① 许纪霖：《重建社会重心：现代中国知识分子与公共空间》，载许纪霖主编：《公共空间中的知识分子》，江苏人民出版社 2007 年版，第 2 页。

② 瞿同祖：《清代地方政府》，范忠信等译，法律出版社 2003 年版，第 282—283 页。

③ 许纪霖：《重建社会重心：现代中国知识分子与公共空间》，载许纪霖主编：《公共空间中的知识分子》，江苏人民出版社 2007 年版，第 6 页。

无疑属于后者。

"新式的知识人"，或曰中国现代知识分子，他们不再如传统士绅那样处于社会政治的核心地位，而是慢慢被边缘化，但也正是这种边缘化，让知识分子不再依附于王权政治，从职业和心态上都成为真正"独立的知识人"。在现代社会，知识取代了宗教和道德成为社会正当性的来源。传统的士绅阶层在转型为现代知识分子之后，反而在文化上居于一种相当中心的地位。他们在政治上被边缘化，被推向了民间，失去了官方意识形态的话语权，转向大众化的话语空间。他们迫切需要重新想象和建构自己在社会中的身份定位。张灏先生指出：晚清以后，在城市社会之中，渐渐出现了使现代知识分子得以形成的制度性媒介，这就是学校、传媒和结社。张灏先生将这三者称为基础建构，即"知识人社会"得以形成的三个基础性的公共网络。[①] 那么，杜亚泉之所以能够完成从传统士绅向现代知识分子的转型，与他亲身参与这三个重要的建制性网络有重大的联系，正是杜亚泉彻底抛弃了对功名的追求，从向往居庙堂之高到"甘于"处江湖之远——当然，这个"甘于"有种种主客观的因素。无论是追求实学，还是后来的应蔡元培之约在新式学堂培养新式人才，乃至后来在出版上面的种种实践活动，都表明他已经从旧式的士人转型成为具有现代思想的新式知识分子。

1898 年，在康有为和梁启超的推动下，清廷开始变法。戊戌变法不仅仅是一场声势浩大的政治运动，更是一场深刻的思想启蒙运动。随着维新变法思潮的涌动，很多原来"为旧学所溺，或饾饤襞积，

---

① 参见张灏：《中国近代思想史的转型时代》，载张灏：《时代的探索》，台湾联经出版事业股份有限公司 2004 年版，第 37—42 页。

役于音训；或华藻宫商，辱为雕虫"的人士，纷纷"长与旧学辞矣"。①
可以认为，杜亚泉所以转求实学，倡导科学救国，或多或少受到了维
新思潮的影响。虽然杜亚泉并没有完全摆脱儒家传统思想，但在当时
社会环境下，对仅仅依靠传统文化能否救亡图存也是渐生怀疑的。据
蔡元培所述：

> 先生虽专攻数理，头脑较冷，而讨寻哲理针砭社会之热诚，
> 激不可遏。平时各有任务，恒于午膳晚餐时为对于各种问题之讨
> 论。是时教职员与学生同一膳厅，每一桌，恒指定学生六人教职
> 员一人；其余教职员，则集合于中间之一桌，先生与余皆在焉。
> 每提出一问题，先生与余往往偏于革新方面。②

可以想见，杜亚泉在当时，除了理学诸科，还大量阅读了西方哲学著
作。这也深深地影响了杜亚泉的人生观和世界观。

北京虽然是当时的学术中心，但北京的大多数知识分子是"躲进
小楼成一统"的，和社会生活缺乏必要的联系。上海则不然，尽管上
海的大学数量远少于北京，但上海是当时的传媒中心和出版中心，上
海的知识分子天然地与地方社会有千丝万缕的联系。1900年，蔡元
培与绍兴中西学堂校董发生龃龉，愤而去职，杜亚泉也随之去职，于
该年秋天，赴上海创办亚泉学馆，并编辑《亚泉杂志》，开始其辉煌
的出版生涯。此时的杜亚泉，无论从思想上，还是实践上，都已经完
成了从传统士人向具有现代意识的知识分子的转型。虽然儒学等传统

---

① 《谭嗣同全集》（增订本），中华书局1981年版，第259—260页。
② 蔡元培：《书杜亚泉先生遗事》，《新社会》第六卷第二号，1934年。

文化依然深深地浸注于他的血脉之中，但是通过他自身的勤勉学习，他已经窥到了现代西方思潮的堂奥，已经成为具有强烈社会关怀、具备新式思想文化和科学知识储备的现代知识分子。

第二章

沪上鹰隼初试翼

1900 年秋天，杜亚泉赴上海，开始了他为之奋斗一生的出版事业。他自号亚泉，"亚泉者氩线之省写，氩为空气中最冷淡之原素，线则在几何学上为无面无体之形式；我以此自名，表示我为冷淡而不体面之人而已"[①]。这当然是杜亚泉自谦之谓，但也确实是他冷峻、理性的人生态度的写照，更是他精通数理诸科学识的一个见证，还预示他的出版事业重心会偏向于自然科学。

上海是当时中国的传媒中心和出版中心，报人和出版人云集。杜亚泉选择上海开始其出版活动，与此有密切的关系；当然从交通来看，

---

① 蔡元培：《书杜亚泉先生遗事》，《新社会》第六卷第二号，1934 年。

绍兴离上海也不远。杜亚泉旧学功底深厚，继承了其基本的道德目标和儒学传统的抱负。他固然醉心西学，但西学最终还是为了实现他家国天下的经世抱负。值得注意的是，杜亚泉早期的出版活动以创办自然科学期刊为主，不过无一例外，这些尝试都以失败告终，这一方面反映了杜亚泉投身出版并非为衣食谋，另一方面也反映了他在经营管理上的欠缺和在出版实践方面的稚嫩。当然，杜亚泉早期的出版活动对其出版经验的丰富、对其出版理念的形成，都具有重要的作用。

杜亚泉早期在上海的出版活动，主要的代表性成果有三：一是《亚泉杂志》，二是《普通学报》，三是《文学初阶》。从经营角度看，除《文学初阶》由商务印书馆印行之外，其他的几乎都以亏损告终；但从社会影响看，《亚泉杂志》也好，《普通学报》也好，都使得杜亚泉在出版界崭露头角，初现峥嵘。这期间，他还和张元济、蔡元培、赵从藩、温宗光等人共同出资，创办了《开先报》，最初由杜亚泉的普通学书室发行，29 期后由商务印书馆发行，这也是商务印书馆发行的第一份刊物。

一、《亚泉杂志》

到上海后不久，杜亚泉就创立了亚泉学馆，并编辑《亚泉杂志》，传播自然科学知识，开始了他的著述和出版生涯。

《亚泉杂志》初为半月刊，每个月出版两期，初八日和二十三日各出一期，竖排线装本，对折装订，单色花边封面，开本为 25 开，单面铅印，每册 16 页，刊载文章 5 至 6 篇，大约 6000 字，每期的容载量大概只有我们现在期刊的一篇文章的字数。从第五期开始改为月刊。该杂志持续了不到一年的时间，光绪二十六年十月初八（1900年 11 月 29 日）创刊，光绪二十七年四月二十三日（1901 年 6 月 9 日）停刊，共出版 10 期，由商务印书馆代印，内容主要是数理化的论文。这个时候的杜亚泉笃信，只有科学知识普及了，才会激发民众对科学的兴趣，才能实现科学救国的理想。杜亚泉在《亚泉杂志》序中论述道：

> 政治与艺术（艺术即科学技术——笔者注）自其内部言之，则政治之发达，全根于理想，而理想之真际，非艺术不能发现。自其外部观之，则艺术固握政治之枢纽矣。航海之术兴，则内政外交之政一变；军械之学兴，而兵政一变；蒸气电力之机兴，而工商之政一变；铅字石印之法兴，士风日辟，而学政亦不得不变。①

可见，杜亚泉认为科学技术对政治有决定性的影响，中国能够通过科学来强国。"苟使职业兴而社会富，此外皆不足忧。文明福泽，乃富强后自然之趋势。"② 因此，"亚泉学馆辑《亚泉杂志》，揭载格致算化农商工艺诸科学，其目的盖如此"③。

《亚泉杂志》的主要栏目有《化学问题》、《质学问题》、《算题问答》

---

① 杜亚泉：《亚泉杂志》序，载《杜亚泉文存》，上海教育出版社 2003 年版，第 229 页。
② 杜亚泉：《亚泉杂志》序，载《杜亚泉文存》，上海教育出版社 2003 年版，第 230 页。
③ 杜亚泉：《亚泉杂志》序，载《杜亚泉文存》，上海教育出版社 2003 年版，第 230 页。

等，根据徐克敏的统计，《亚泉杂志》10 期的内容按学科划分，刊登了化学类文章 24 篇，物理学类文章 2 篇，地学类文章 5 篇，生物学类文章 2 篇，数学类文章 4 篇，博物学类文章 1 篇，科技书目及文章 2 篇。其中大多数文章出自杜亚泉之手，由他翻译或者写成。

从这些刊载的文章可以看出，杜亚泉对科学的兴趣非常广泛，从基础科学到具体而微的工艺技术，他都有所涉猎。从《质点论》、《矿物理学》、《算学问题》、《化学理论》到《麻布洗涤法》、《木器塞漏法》、《天气预报器》、《显影药水新法》，涵盖了自然科学诸多门类。尤其值得一提的是，杜亚泉在《亚泉杂志》上率先介绍了门捷列夫的化学周期律，对多个化学元素予以中文命名，这些中文命名很多沿用至今（见杜亚泉的《化学原质新表》）。

《亚泉杂志》是我国最早的、没有外国人参加编辑的科学期刊，在当时影响很大。两广总督陶模（1835—1902）读后非常赏识此刊，命令部下购阅。

陶模也是浙江人，总的来说他是同情维新的，曾经派吴稚晖带领学生赴日本留学。他还屡次上书，请求清廷设立算学、艺学等课程。《亚泉杂志》既以刊登自然科学方面的文章为主，能够得到他的赏识，也就不足为奇了。

《化学原质新表》（部分）

原质	应丁名	西号	日本课名	日本课音	译本异名	原点重率
轻	Hydrogenium	H	水素	スイ	利素淡 别利留谈	一·〇〇
锂	Lidium	Li		リチウ	别利留谈	七·〇三
鈹米	Berylium	Be		ベリリウン		九·〇八
硼	Boron	B	硼素	ホウム	硼精 布而伦	一〇·九五

按道理，陶模这样的"大客户"杜亚泉应该非常重视，从经营的角度来讲，客户的需求要尽量满足。但是杜亚泉生性不喜欢和达官贵人交往，有一次陶模到上海，宴请各界名流，杜亚泉也在嘉宾之列。他不愿意赴宴应酬，便亲自把请帖送回去。在陶模寓所门口，家丁见杜亚泉布衫布鞋，以为他是送信的仆人，还问他："贵府老爷不来了？"杜亚泉不以为忤，随口应了一句"是的！"掉头就走。后来他还把这件事情当作笑料讲给家人听。

《亚泉杂志》是杜亚泉初涉出版的处女作，有很多稚嫩的地方。即便如此，它在出版史尤其是近现代科技出版史上仍具有十分重要的意义。

首先，在《亚泉杂志》之前，美国传教士丁韪良创办的《中西闻见录》是文理综合性月刊，英国人傅兰雅和中国科学家徐寿创办的综合性自然科学期刊《格致汇编》并非中国人独立创办，只有《亚泉杂志》才是真正意义上由中国人自主创办的最早的综合性自然科学期刊。合抱之木，生于毫末；九层之台，起于累土；千里之行，始于足下。无论《亚泉杂志》与后来的科学期刊比起来有多么不成熟，它所映射出的那种国人自办科学期刊的理念和价值追求都是值得我们尊敬的。

其次，从内容上讲，《亚泉杂志》刊载的自然科学文章，涉及范围甚广，尤以介绍化学的文章居多，对化学这门学科走入中国有极为深远的意义。第一，杜亚泉首创多个化学元素中文译名，他命名的13种新发现的元素中（后经证实的是11种），铍、氩、镨、钆、铥、镱等6种为国内化学界沿用至今。第二，首次介绍了门捷列夫的元素周期律。元素周期律是近代化学史上一座光彩夺目的丰碑，对整个化学和自然科学的发展具有普遍的指导意义。《亚泉杂志》第六期发表的虞和钦的《化学周期律》，不仅详细地介绍了元素周期律、同周期元素性质递变规律和同族元素性质相似等内容，还附有英国化学家沃克修订的元素周期表。第三，最早介绍了放射性元素镭、钋，还介绍了钪、镓、锗等化学新元素。第四，系统介绍了化学分析原理。从第四期到第十期，杜亚泉所翻译的定性分析，对分析化学做了比较完整的介绍。第五，引进了分子学说。杜亚泉的《质点论》比较系统地介绍了分子学说，这在中国近代化学史上具有补白的作用。第六，介绍了化学在日常生活中的应用。比如《麻布洗涤法》、《木器塞漏法》等文章，把化学和人们的实际生活很好地结合在一起，既能提高人们对化学的兴趣，又能将化学应用于日常生活，提高人们的科学意识和生活水平。不仅仅是化学，《亚泉杂志》所载数理博物地学等学科的文章，对当时的人们，也具有普遍的启蒙意义。

再次，从办刊实践上讲，《亚泉杂志》也对其他科学期刊的创办具有很重要的指导意义。它所刊载的稿件以译文为主，在当时的社会环境下，不失为一种便捷地使人们尽快了解科学技术新成果的方式。同时，杜亚泉自己撰写了大量科技论文，他既是作者，又是编辑，正是专家办刊的典范。而且，杜亚泉还通过刊载当时学人的文章，锻炼了一大批有志于自然科学的新秀。像周美权（1878—1949），戊戌变法时仅 20 岁，目睹中国被列强欺凌的惨状，认为科技才能救国，而数学是科学技术的基础，于是将六书束之高阁潜心钻研数学，他的处女作《平圆互容新义》和一系列文章就连载在《亚泉杂志》上，后来他成为中西结合、承前启后的著名数学家。

《亚泉杂志》在出版 10 期后，宣告停刊。杜亚泉在最后一期的

《本馆广告》中说，"杂志中字式往往须另铸铜模，甚为费时，所以不免延误发行之期日"；"本馆发行杂志，定价既廉，工料之外，所赚无几，加以馆用有绌无盈，况销行甚滞，所耗殊多，今又以三分定价之一作邮费，则是并工料而不敷矣"。[①] 由此可见，其停刊的原因一是《亚泉杂志》作为科学期刊，里面很多字是新造的，而受当时的技术所限，这些新字都需要重新铸模，耗时耗力耗费用；二是《亚泉杂志》的发行量甚小，所得收益不能满足继续办刊的需要。

《亚泉杂志》存续时间不长，但其成功创办，无论是对杜亚泉个人的出版生涯，还是对中国的自然科学期刊，都有重要意义。

二、《普通学报》

1901 年，杜亚泉得到父亲的帮助，在上海开设普通学书室，编译刊行科学书籍以及语文、历史、地理等学科的教科书。同年 5 月，在《亚泉杂志》停刊后，改出《普通学报》，自己担任《普通学报》主笔，刊载的内容和《亚泉杂志》一脉相承，以自然科学的相关论文为主，除此之外，还有一些时事政治论文。

杜亚泉之所以改出《普通学报》，有一个很重要的原因。当时几乎没有国人自办的科学期刊，社会上的人对《亚泉杂志》缺乏了解。上海南浔路有一家《亚东时报》，由日本乙未会创办。时人多将《亚泉杂志》与《亚东时报》混为一谈，甚至认为"亚泉学馆"是"大日

---

① 杜亚泉：《本馆广告》，《亚泉杂志》第十期，1901 年。

本亚泉学馆"。所以，杜亚泉在从父亲那里得到资助后，便把亚泉学馆更名为普通学书室，改出《普通学报》，也是希望通过更名，避免与日人所办相似名称的报刊混淆，从而在上海滩站稳脚跟。所谓普通学，是清末的流行词，即通常的知识，并无固定范围。因此，杜亚泉的《普通学报》是旗帜鲜明地指向普通知识（即普通的自然科学知识和社会科学知识）的介绍和传播的。

《普通学报》总共只出版了5期，木刻本。在某种意义上说，《普通学报》是《亚泉杂志》血脉的延续，又因为在主要刊载自然科学文章的同时，还能兼顾社会科学，涉及面更宽，内容更丰富，从而增添了自己的风采，理应在杜亚泉的出版事功中占有一席之地。

《普通学报》按照学科，分为8个栏目①：经学科（心理、伦理、政法、宗教、哲学）；史学科(中外历史、地理)；文学科(文典、修辞、诗歌、小说)；算学科（数学、几何、代数、三角）；格物学科（地学、化学）；博物科（矿物、动物、生理、卫生）；外国语学科；学务杂志(学校教科章程、新图书评论、海外留学生通讯等)。从这些栏目的开设可以看出，此时的杜亚泉雄心勃勃，力图把《普通学报》办成一个包罗万有的思想和学术交流的阵地。虽然因出版期数过少，很多栏目即便设置了，也并没有刊载相应的文章，但这种开拓创新的精神是非常难能可贵的。

和《亚泉杂志》一样，作为《普通学报》的主撰，杜亚泉自己撰写了多篇论题广泛、见解新颖的文章，主要有《有机物质之鉴别法》、《级数求和》、《土壤之种类》、《无极太极论》等。从这一时期杜亚泉

---

① 参见谢俊美：《杜亚泉与〈普通学报〉》，载许纪霖、田建业编：《一溪集——杜亚泉的生平与思想》，生活·读书·新知三联书店1999年版，第235页。

所写文章可以看出，他在自然科学方面涉猎之广，以及把自然科学介绍、推广给普罗大众的用力之勤。

《普通学报》的创办至少有以下几方面意义：

首先，《普通学报》做到了对《亚泉杂志》的薪火相传、血脉延续。当时的中国，自然科学方面极端贫瘠。杜亚泉作为国人自办科学期刊的探路者与领头人，其科学救国的思想始终不渝。《亚泉杂志》因为种种原因停刊，而当时的中国亟须这样一个传播自然科学知识的阵地，《普通学报》保存并延续了其启发民智、传播科学的血脉。

其次，培养了一批高层次的作者。与《亚泉杂志》有显著区别的是，《普通学报》有相对固定的作者群。它刊载的文章以自由来稿为主，每篇文章都标明作者。主要作者有蔡元培、虞和钦、周美权、谢洪赉等人。其中，20世纪初期著名数学家周美权的代表作《数之性情》、《九九支谈》、《几何求作》等都是在《普通学报》上发表的。作为用传统方式研究中国数学的成果，这些文章在当时引起很大反响。

再次，《普通学报》和《亚泉杂志》一样，对后来许多科学期刊的创办具有启发和示范的意义。比如虞和钦(1879—1944)主办的《科学世界》，实际上就是《普通学报》的延续。《科学世界》第二期发表了《普通学报》的公告，明确说："本报自开办至今共出五期，今因同志诸君另办科学世界未能再续，凡订阅《普通学报》十期者，除前寄五期外，其余五期即以《科学世界》三期交换。仍由普通学书室发行。"虽然当时对科学知识的追求并没有在社会上蔚然成风，科学期刊的发行量多数都不大，寿命也都不长，但正是在一代又一代杜亚泉们的筚路蓝缕、叩石垦壤之下，科学思想终于在中国如星星之火，可以燎原了。

最后，和《亚泉杂志》不同的是，《普通学报》开始刊载社会科学方面的文章，其中杜亚泉的几篇政论和当时的局势联系紧密，影响甚广。这正是现代知识分子利用所掌握的舆论阵地，用文化权力对社会进行启蒙的典型。《普通学报》第二期，发表了杜亚泉的《无极太极论》。无极、太极本属中国传统哲学范畴。无极是指派生万物的本体，因其无味、无臭、无声、无色、无始、无终，无可指名，故曰无极；太极则是指天地原始混沌之气，《周易·系辞上》曰："易有太极，是生两仪。"杜亚泉借用中国传统士人所熟悉的这两个名词，来阐述哲学中的无穷和有尽、不可知和可知之关系，无疑比纯粹用西方哲学术语更能让国人接受。杜亚泉说道：

> 故万有包含于无极之中，而吾于无极之内，截取其地段若干，而立为太极。太者大也，最大之止境也。人类所取之太极，即在人类思想能力所已及者为界，谓太极界。太极界之愈扩而愈大，即人类之进步矣。①

他认为整个世界是不可穷尽的，不可知的，人类唯有不停地提升自己的思想能力，扩大可知的范围，才能从蒙昧走向文明。当时的中国，斯宾塞的社会达尔文主义很有市场。斯宾塞认为人类和其他生物在本质上并无差异，都是物竞天择，适者生存。这种优胜劣汰的观点在中国被帝国主义列强任意欺凌的时代，正好为侵略者找了一个借口，

---

① 杜亚泉：《无极太极论》，《普通学报》第二期，1901 年。

某种意味上也消减了当时一些人在面临亡国灭种危机时的苦痛和耻辱感。但杜亚泉作为一个冷静的学者，对社会达尔文主义是抱有怀疑态度的。他说，"虽然，竞争者，无极也，天则也"，但"秩序者，太极也，亦天则也"，"今之人闻竞争之说，以为天则，而吾欲举秩序亦天则之言以匹敌之"。①可见他认为虽然竞争是自然界的普遍规律，但人类更应该相爱而不是相杀，由"爱吾之所生，爱吾之所友，渐而爱吾宗、爱吾邻，又渐而爱吾乡、爱吾国，又渐而爱吾同种、爱吾同类之人"②，这种相爱的范围理应渐渐扩大，从而避免侵略杀伐，这也是天则，这样才能做到孟子所说的"亲亲而仁民，仁民而爱物"。

1902年，浙江南浔浔溪公学发生学潮。这次学潮实乃受南洋公学"墨水瓶"事件之后学潮的影响，梁启超曾说这些学潮"必将为中国教育史上一最大纪念"，而杜亚泉也被波及，因种种原因后来学生竟也容不下他，当然这不是我们讨论的重点。浔溪公学发生第一次学潮后，因杜亚泉的声望以及前面的办学实践，他应邀偕蔡元培前往调停，并应校董庞清臣之聘，担任浔溪公学校长。同年2月，《普通学报》第四期刊载《浔溪公学开校之演说》，其中比较详细地论述了中西文明问题，认为对我国固有之文明，既要"尽去已败之文明，而后可以输新进之文明"，又不可"一笔抹煞……"，而应与"西洋之文明包含而化合之"。这无疑是很有见地的观点。

担任校长后，杜亚泉锐意改革，聘请知名学者任教，同时斥六千金购置图书和仪器标本，准备施展自己教育救国的宏伟蓝图。他本来就对兴学办教育具有浓厚的兴趣，因此将注意力转至浔溪公学，不可

① 杜亚泉：《无极太极论》，《普通学报》第二期，1901年。
② 杜亚泉：《无极太极论》，《普通学报》第二期，1901年。

能再有很大精力投入《普通学报》，只能将之交由胞弟杜叔帆管理。杜叔帆来到纸醉金迷的上海滩，在灯红酒绿的氛围中，很快就变得不务正业。据与杜亚泉共曾祖的堂弟杜耿苏回忆，自杜亚泉到浔溪公学后，杜叔帆拿着书室资金大肆挥霍，经营乏术，杜亚泉屡次规劝无效，最终兄弟失和。不仅如此，杜叔帆先前还写信给父亲，恶人先告状，说杜亚泉只知道埋头写稿子，不懂生意经（当然这可能也不完全是瞎话），杜亚泉的父亲接到信后，命杜叔帆执掌经济大权。及至杜亚泉去了南浔，杜叔帆更是无人牵制，普通学书室和《普通学报》的夭折就在所难免了。[1]1902 年 5 月，《普通学报》在出版五期后宣告停刊。后来，1901 年 10 月浔溪公学停办后，杜亚泉也没有立即回上海，而是返回绍兴创办越郡公学去了。

三、《文学初阶》

光绪二十八年（1902），管学大臣张百熙拟定《钦定学堂章程》，亦称壬寅学制，后来出于种种原因没有实行。光绪二十九年（1903），清政府又命张百熙、荣庆、张之洞参考日本学制，周密谋划，重新拟定学堂章程，这就是著名的《奏定学堂章程》，亦称癸卯学制。该学制主系列分为三段七级。第一阶段为初等教育，包括蒙养院四年、初等小学堂五年和高等小学堂四年。虽然癸卯学制依然"以忠孝为本，以中国经史文学为基"，但毕竟从官方的层面对教育提出了"中学为

---

① 参见杜耿苏：《杜亚泉：商务印书馆初创时期的自然科学编辑》，载《绍兴县文史资料选辑》第一辑，1983 年。

体、西学为用"的指导思想，因此对各学堂使用的教科书的编写，也提出了新的要求。在癸卯学制颁布之前，已经有一些有志之士在从事编写教科书的工作。杜亚泉历来对教科书的编写极为关切，特别是蒙学课本，杜亚泉认为"蒙学一事不但为学生一身德行知识之基础，实为全国人民盛衰文野之根源，所关甚巨"①。因此在学制尚未公布之前，杜亚泉已经编写完成了《文学初阶》。

《文学初阶》共分六卷，前四卷定价为一角，后二卷定价为一角五分。《东方杂志》曾登有该套教材的广告：

> 绍兴杜亚泉著。书分六卷，自浅入深，循循善诱。始以一二字相联缀，导其先路，继以三四字成词句，掖其进步，依次递进，如升阶然。篇中词尚浅近，意取明晰，务期童蒙易悟。附图数百幅，凡飞潜动植服饰器用等类靡不惟妙惟肖。首卷并列教授诸法，尤便讲解。学生约半年读一册，足敷三年教课之用。②

《文学初阶》的价值，要放在当时的时代背景下来考量。虽然清政府颁布上谕，实行新政，要求兴学，但是又明确要求"其教法当以四书五经纲常大义为主，以历代史鉴及中外政治艺学为辅"。当时所谓的新的蒙学读物已经有好几种，杜亚泉也明确说《文学初阶》的编纂是以诸家新书为蓝本，但当时的各种蒙学读物均没有达到《文学初

---

① 杜亚泉：《绘图文学初阶》卷一，商务印书馆光绪二十九年（1903）岁次癸卯十月第一版，版权页。

② 转引自周武：《为国家谋文化上之建设——杜亚泉与商务印书馆》，《档案与史学》1998 年第 4 期。

阶》的水准。研究晚清出版史的汪家熔先生对《文学初阶》给予了很高评价，认为它"对后来各种国文或语文教科书的影响不能抹煞"①。

值得注意的是，当时的"文学"一词和我们现在理解的"文学"并不完全一致。《文学初阶》这套教材的目的，是为了培养学生识字、组词、造句、写作等应用语文能力，并不是现代的"文学教育"所指向的文艺修养和鉴别能力、文学兴趣的培养。《文学初阶》从编写理念、体例设计、内容安排等方面贯彻了这一指导思想。

首先，从字词的安排来看，《文学初阶》基本摆脱了《三字经》、《百家姓》和《千字文》的窠臼，以字入手，以词为根本，注重生字的重复率。以往的蒙学读物包括"三"、"百"、"千"，大都按照生字基本不重复的原则用字。据汪家熔先生的统计，《三字经》1140字，《百家姓》422字，《千字文》1000字，其中生字约2000字。那么读2562字，生字的重复率仅为1.28次。学生基本上只能靠不停地背诵来记忆。而汉字不是表音文字，学生即使背得滚瓜烂熟，离开了具体的语境就不认识了，没有能力组复音词。②这对学生的兴趣是一种扼杀。《文学初阶》则完全不同，比如卷一共有120课，累计字数为1224字，其中生字为542字，生字的重复率为2.25次。这几乎达到了现行小学语文教材的水准。

其次，从《文学初阶》六卷的难易程度来看，以字、词、句、段、篇的顺序依次上升，如同升阶，万丈高楼平地起，由易入难，既符合

---

①　汪家熔：《杜亚泉对商务印书馆的贡献》，载许纪霖、田建业编：《一溪集——杜亚泉的生平与思想》，生活·读书·新知三联书店1999年版，第213页。

②　参见汪家熔：《杜亚泉对商务印书馆的贡献》，载许纪霖、田建业编：《一溪集——杜亚泉的生平与思想》，生活·读书·新知三联书店1999年版，第214页。

学习的基本规律，又能够激发初学者的兴趣。而且，《文学初阶》以词语而不是单个的字来作为学生的识读根本，这在以前也是没有的。词语又以实词为主，比如第一卷第一课，安排了四个生字："大小牛羊"，然后组成了四个词"大牛、小羊、大小、牛羊"作为课文，这样浅易的身边的事物，容易让人理解，比单纯识记单个的生字更容易掌握。

再次，《文学初阶》在内容的选取上也特别具有引导性和指向性，注重传播社会科学知识和自然科学知识，启发人们建构新的人生观和伦理观。《文学初阶》的课文几乎都是新编写的，其中大量的课文一直被后来的课本所沿袭。比如孔融让梨、灌水浮球、诚谎（狼来了）、击缸救童、望梅止渴、二童争日、西门豹治邺、曹冲称象、华盛顿砍樱桃树等，都是我们耳熟能详的篇目。杜亚泉强调人人都应学习，认为学习与强国有莫大之关系。在第四卷第八十四课中，他写道："凡有教化之国，其民必读书识字，教化愈甚，则读书识字之人愈多，而国愈强。今日英法德美诸国，其国中读书识字之人，较我国多数倍，故诸国强而我国弱。此读书所以为要事也。"杜亚泉还注意传播科学新知识，破除封建迷信。《文学初阶》中自然科学诸学科的知识都有所涉及，比如第四卷第七十五课讲解了物体的固态和液态相互转化的问题；第八十六课驳斥了谈星算命的封建迷信现象。他倡导男女平等，认为妇女也要读书；他认为职业不分高低贵贱，并不一定是"劳心者治人，劳力者治于人"；他还提倡新的孝道观和仁爱观。这些，杜亚泉都通过新编写的课文在教材中得以体现。

最后，《文学初阶》还在首卷列有教学的方法，类似于今天我们编写教材给老师们准备的教学参考书或者教学课件。这在当时师资匮乏、小学教师整体素质不高的情况下，无疑比今天更有必要。杜亚泉提出，各个不同地方的教师在教授学生时，应该因地制宜，结合当地的风俗事物来进行教学。他在首卷撰文写道："训蒙之法须随本地之语言、风俗、事物，以为权度。我国幅员广大，语言、风俗、事物错杂不齐。教师课读是书，如遇书中字句有为本地所罕见者，即宜随时改易。编辑是书者切望也。"杜亚泉这种从实际出发，注重通过身边的事物来进行教育的理念是非常可贵的。

《文学初阶》在癸卯学制颁布之前就已经编写完成，不走运的是，新的学制规定蒙学时间为四年，《文学初阶》则只能供三年之用，所以在《最新国文教科书》出版后，《文学初阶》就慢慢丧失了市场，逐渐被取代了。但是，《文学初阶》作为新式语文蒙学教材，在各方面的创新之举，无疑对后来的语文教材出版起到很好的示范作用。

除此之外，杜亚泉还在 1902 年创办过《中外算报》。不过《中外算报》持续时间很短，影响亦没有《亚泉杂志》和《普通学报》大。有人认为《中外算报》是我国第一份数学专业期刊，这是不确切的，孙诒让的弟子、浙江平阳的黄庆澄早在 1897 年就创办了《算学报》。

从 1900 年到 1904 年，是杜亚泉初涉出版的一段宝贵经历。每个人的成长都需要实践经验的积累，而不关涉成败。杜亚泉经过这四年的磨砺，已经是一个比较成熟的编辑，也基本确定了他这一生在编辑出版上的方向。正是有了这四年的经历，商务印书馆才会把他当作人才延揽进馆。

第三章

商务新彦展宏图

　　商务印书馆是杜亚泉开展出版活动最主要的场所，也对杜亚泉文化思想和出版理念的形成具有重要作用。人总是生活在一定的场景之中，这个场景，既包括特定时代、具有一定普遍性的历史场景，也包括特定的人身处的生活场景。这两种场景对人的思想的形成具有决定性的作用。从历史场景说，杜亚泉所生活的跌宕起伏的巨变年代，对那一代的知识分子前途命运都产生了重要的影响，他们都面临家国变迁、身份转型的重大课题，但他们各自选择的路径却迥然有别，这和每个人所身处的特定生活场景有密切关系。商务印书馆在中国近代出版业的地位无疑是首屈一指的，其突出的文化性便是在张元济主政商务时期奠定的。

商务的文化品格和价值与杜亚泉"为国家谋文化之建设"的出版理念正好契合并且相互影响。商务当时的掌舵人张元济以及元老夏瑞芳等，都是温和渐进的代表，宽容理性，他们都和杜亚泉过从甚密，对杜亚泉文化思想的形成有重要影响。

从 1904 年入馆到 1932 年一·二八事变后仓促离馆，杜亚泉为商务服务了 28 年。若把杜亚泉前期和商务的合作以及后期作为商务的馆外编辑算上，则杜亚泉和商务之间的关系长达 30 多年。但他和商务的"蜜月期"，则应该是从 1904 年入馆到 1919 年底他从《东方杂志》去职。杜亚泉入馆时，虽然是张元济等商务高层的故交，但对商务印书馆来说，则不折不扣是一个新人。不过，这个新人在理化方面已经颇有名声。出于对杜亚泉的器重，商务印书馆一开始就给了他理化部主任的职位。而杜亚泉也不负重托，借着商务印书馆这个平台，大展宏图，在商务印书馆的前 15 年，杜亚泉可谓是春风得意马蹄疾，无论是编辑出版图书，还是撰文发表各种论说，都达到了职业生涯的顶峰。

一、从结缘到入馆

1897 年，商务印书馆由夏瑞芳、鲍咸昌、鲍咸恩等合股出资 3750 元创立。1902 年，张元济进入商务，因为他的主政，商务进入历史上第一个发展较快的时期。清廷在发布上谕兴办新式学堂后，适用的新式教材奇缺。张元济敏锐地抓住这个机会，大量延揽人才，进行教材的编写。当时文科的教材有蒋维乔、高梦旦、庄俞等负责，但是自然科学教材方面人才奇缺，迫切需要掌握相关新式知识的人来主持。这时候，杜亚泉作为在沪上已经崭露头角的"理化学达人"，自然而然进入了张元济的视野。

我们现在不知道张元济和杜亚泉具体是何时相识、如何相知的，但可以肯定，他们共同的朋友蔡元培在这里面发挥了相当大的作用。蔡元培和张元济是同年的进士，又同在翰林院任庶吉士三年，彼此熟稔。蔡元培在日记中记载的和张元济的交游，无论是在北京，还是后来在上海，都非常密切。而蔡元培、张元济、杜亚泉都怀揣着以教育和出版来救国的远大理想，三人在这一方面可以说是志同道合。可以推测，杜亚泉和张元济在蔡元培回绍兴之后不久就彼此熟知了，否则1901年三人不可能在沪上合办《外交报》。

1900年，杜亚泉到上海创办亚泉学馆，出版《亚泉杂志》。第二年，杜亚泉得到其父亲的资助，将亚泉学馆改名为普通学书室，同时出版发行《普通学报》。同年，由时任上海南洋公学特班中文教习的蔡元培和时任上海南洋公学译书院院长的张元济商议合办一份报纸，这份报纸开始叫《开先报》，后来改名为《外交报》。《外交报》由蔡元培、张元济、杜亚泉等合资筹办，每股500元。当时500元不是一个小数目，甚至到20世纪20年代，北京一个四五口人的劳动家庭，一年的伙食费大概也就一百三四十元。《外交报》创业基金一共四股，蔡元培和杜亚泉合认一股，商务印书馆认一股，张元济认两股，合计2000元，可以与之对照的是，商务印书馆创业本金也只有3750元，而且，《外交报》的开办明确说了不以赢利为目的，而是抱着把股本亏光的决心，这在近代报刊史上也是很罕见的。蔡元培曾撰文写该报《叙例》，清楚地阐明了办报的目的："荟我国自治之节度，外交之政策，与外国所以对我国之现状、之隐情，胪举而博译之，将以定言论之界，而树思想之的。"[1] 从《外交报》的开办可以看出，杜亚泉和张元济已经开始经营共同的事业。而且，《外交报》正是由普通学书室发行的。

1903 年，杜亚泉短暂返回绍兴，创立越郡公学。而当时的商务印书馆，因为张元济的入主，加上吸收了日资，正准备放开手脚，大干一番。恰逢清廷颁布了新的学制，商务敏锐地抓住了这个契机，组织人马大规模地编写中小学教科书。最先请蒋维乔、高梦旦编写了《最新国文教科书》，这便是后来代替《文学初阶》的国文教科书，甫一问世便大获成功，极大地刺激了商务印书馆编写教材的热情，领导层决定把编写教科书的范围扩展到数理各科。因此，在蔡元培的推荐下，商务印书馆总经理夏瑞芳、编译所所长张元济下决心延聘杜亚泉入馆。

那时的杜亚泉，在沪上开学馆、办杂志已有数年，虽然他一直怀揣着教育救国、实学救国的理想，但毕竟不是专门的经营人才，因此各项事业只能说是勉力维持，后来慢慢亏损，经费上维系不下去了。旧时读书人少，教育事业和出版事业都很不发达，投身出版极易亏本，很难吸引生意人的投资。杜亚泉在去浔溪公学之时，已经把《普通学报》交由商务印书馆代为印刷。当普通学书室和《普通学报》经营遇到困难，商务诸君又力邀加盟的情况下，杜亚泉投身商务也就理所当然了。1904 年秋，杜亚泉将普通学书室并入商务，担任商务编译所理化部主任，开始了在商务的出版生涯。

---

① 转引自张晓唯：《蔡元培评传》，百花洲文艺出版社 2010 年版，第 29 页。

杜亚泉的家境在当时来说应该算是比较殷实的，他前期创办《亚泉杂志》、办普通学书室的目的都不能说是为衣食谋。甚至到了后来因普通学书室"营业疲顿"，应夏瑞芳、张元济之约并入商务印书馆，严格来说也不是为了生意上的东山再起。杜亚泉曾经回忆道："时张菊生、蔡鹤卿诸先生，及其他维新同志，皆以编译书报为开发中国急务，而海上各印刷业皆滥恶相沿，无可与谋者，于是咸踵于商务印书馆，扩大其事业，为国家谋文化上之建设。"[①]可见，杜亚泉希冀通过商务印书馆这个平台，施展拳脚，实现抱负。

杜亚泉进入商务，可以说是如鱼得水。商务的开创者之一夏瑞芳是一位非常有远见的企业家，在张元济入馆之后，又大大提升了商务印书馆的出版品位，"夏张二人相得益彰，掀开了商务印书馆走向现代出版新的一页"[②]。杜亚泉担任理化部主任，其所不擅长的经营上的问题几乎可以不用考虑，只需悉心擘画他的自然科学出版蓝图，夏瑞芳、张元济对他又十分信任。初入商务的杜亚泉，虽然只有31岁，从资历上来说，确实是新人，但从工作来讲，协助张元济组织编译人才，拟定出版计划，购买图书资料，已经是一个十分成熟的出版人了。

二、奠定商务理科教科书的基础

杜亚泉在商务印书馆最大的功绩，可以说是编写了大量的教科书

---

① 杜亚泉：《记鲍咸昌先生》，载《商务印书馆九十年》，商务印书馆1987年版，第9—10页。

② 史春风：《商务印书馆与中国近代文化》，北京大学出版社2006年版，第29页。

特别是中小学的理科教科书。商务印书馆第二代掌门人王云五说过，杜亚泉为商务印书馆编著的关于自然科学方面的书多达百数十种，其中一大部分都是教科书和教授法。胡愈之在《追悼杜亚泉先生》一文里面说，"商务印书馆初期所出理科教科书及科学书籍，大半出于先生手笔"①。章锡琛则称，"馆中出版博物理化教科参考图籍，什九皆出君手"②。

那时候的出版机构有叫编辑部的，有叫编译所的。编辑部类似于现在出版社的编辑部门，以接受外稿为主；编译所则不仅仅是接受外稿，还自己组织专家编写书稿。杜亚泉编写了大量中小学理科教科书，这当然和他商务印书馆编译所理化部主任的职务有关，也是商务印书馆聘请他的最主要目的，但从编辑的主体意识来讲，杜亚泉显然不仅仅是把这件事当作工作，更是当成了事业，当成了践行他开启民智之理想的重要途径。

那编写理科教科书为什么要把重心放在中小学教材上面呢？首先，随着新式学堂的开办，中小学教材有广阔的市场，这当然是商务高层考虑的问题；其次，杜亚泉自己也非常重视基础教育。"民为贵，社稷次之，君为轻"③，儒家历来把人民放在非常重要的地位。而当时西方的民权、民主等思想又传入了中国。作为启蒙主义者的杜亚泉，历来十分重视基础教育的作用，重视通过通俗教育来提高国民素质。反映在他的出版活动上，就是把编写中小学理科教科书作为自己当仁

---

① 胡愈之：《追悼杜亚泉先生》，《东方杂志》第三十一卷第一号，1934 年。
② 章锡琛：《杜亚泉传略》，载许纪霖、田建业编：《一溪集——杜亚泉的生平与思想》，生活·读书·新知三联书店 1999 年版，第 16 页。
③ 《孟子·尽心下》。

不让的责任。

杜亚泉在商务印书馆编写的理科教科书，从学科来看，有化学、物理、数学、植物学、动物学、生理学等诸多方面；从适用范围来看，从小学到中学乃至师范院校，跨度很大，不过主要还是集中在中小学教材。商务早期所出版的教科书，很多都是署名"本馆编"或"本馆译"，因此目前还不能完全确定哪些是出自杜亚泉之手。但仅就署名"杜亚泉"的教科书来说，为数已经相当不少。

根据《杜亚泉文存》的统计，杜亚泉早期所译著或者编写的理科教科书大致有如下种类[①]：

杜亚泉译著的理科教科书书目

书　　名	出版时间
《化学定性分析》	1901 年
《理化示教》	1903 年 5 月
《新撰植物学教科书》	1903 年 6 月
《最新中学植物学教科书》	1903 年 6 月
《高等小学最新笔算教授法》（合译）	1905 年 7 月
《中学化学新教科书》	1905 年 9 月
《最新中学矿物学教科书》	1906 年 6 月
《中学物理学新教科书》	1907 年 2 月
《中学植物学教科书》（合译）	1907 年 3 月
《中学生理学教科书》（合译）	1907 年 5 月
《生理卫生新教科书》（合译）	1907 年 6 月
《初等矿物学教科书》（合译）	1907 年 9 月

---

① 参见许纪霖、田建业编：《杜亚泉文存》，上海教育出版社 2003 年版，第 467—470 页。

续表

书　名	出版时间
《博物学教授指南》	1908 年 7 月
《盖氏对数表》（合译）	1909 年初版，1933 年第 4 版，1951 年 4 月再版
《实验植物学教科书》	1911 年 2 月

杜亚泉编写的理科教科书书目

书　名	出版时间
《最新笔算教科书》	1902 年
《最新格致教科书》	1902 年
《普通矿物学》	1903 年 5 月
《普通植物学教科书》	1903 年 9 月
《最新笔算教科书教授法》（合编）	1904 年
《中学生理学》	1905 年
《最新中学矿物学教科书》	1906 年 8 月初版，1913 年 10 月第 11 版
《最新理科教科书》（参订）	1906 年
《简易格致课本》	1906 年
《初等小学格致教科书》	1906 年
《初等小学格致教科书教授法》	1906 年 11 月
《格致课本》	1907 年 3 月
《格致课本教授法》	1907 年 8 月
《实验化学教科书》（合编）	1910 年以前
《师范学堂生理卫生学》	1910 年以前
《高等小学农业教科书》（合编）	1910 年以前
《初级师范学校动物学教科书》	1910 年
《博物学初步讲义》（合编）	1912 年 12 月初版，1919 年 10 月第 6 版

续表

书　名	出版时间
《共和国教科书·高等小学新理科》（春季用）（合编）	1912 年
《共和国教科书·高等小学新理科教授法》（合编）	1912 年
《动物学讲义》（合编）	1912 年 12 月
《矿物学讲义》（合编）	1912 年 12 月
《共和国教科书·高等小学新理科》（秋季用）	1913 年
《共和国教科书·植物学》	1913 年 10 月
《共和国教科书·矿物学》	1914 年 1 月
《共和国教科书·生理学》（合编）	1914 年 8 月
《新编植物学教科书》	1915 年 3 月
《化学工艺宝鉴》	1917 年 3 月初版，1929 年 12 月第 9 版

　　正是因为杜亚泉的不懈努力，商务印书馆编译所理化部成为 20 世纪初期中国最有影响的普及和传播近代科学知识的机构。当时的翻译机构（如京师同文馆等）和 30 余家出版社所出版的自然科学类教科书，无论是数量、质量还是系统性、完整性都无法与商务印书馆所出版的同类书籍相媲美。这一切不能不归功于杜亚泉对自然科学的重视和他的精心筹划、运作。就像胡愈之说的那样，杜亚泉"对于自然科学的介绍，尽了当时最大的任务"[1]。商务印书馆早期的中小学教科书出版，可谓成果斐然。在辛亥革命以前，除了商务，还没有哪个出版机构有计划地推出整套的中小学教科书。1906 年，清政府学部

---

[1]　胡愈之：《追悼杜亚泉先生》，《东方杂志》第三十一卷第一号，1934 年。

审定初等小学教科书暂用书目，总共 102 种，民营出版机构出版的有 85 种，商务印书馆一家就占了 54 种。其中的理科教材上，基本都可以看见杜亚泉的名字。署名杜亚泉编写的有《最新笔算教科书》（1902 年初版）、《最新格致教科书》（1902 年初版）、《最新笔算教科书教授法》（合编）（1904 年初版）、《最新中学矿物学教科书》（1906 年初版）、《最新理科教科书》（参订）（1906 年初版）等。

创办之初的商务编译所编译人员不多，受教育经历所限，懂理化、博物方面的人才就更少了，这就给了杜亚泉英雄用武之地。杜亚泉译著或者编写、校订的这一大批自然科学类书籍的畅销，"一方面使商务成为世纪之初普及和传播近代自然科学技术的重镇，另一方面也为商务创造了可观的利润，壮大了它的实力，并为它的进一步发展奠定了坚实的基础"[①]。清廷审定通过的《最新初等小学教科书》，中华民国成立前，销售量已经达到数百万册。当时教科书的成本大概占造货码洋的两成，利润相当可观。中华民国成立后的一套《共和国教科书·高等小学新理科》，每本都再版 100 多次，这在今天看来，几乎是难以企及的出版神话。

在宣统三年（1911）开始编写的"简易课本小学补习科"、民国元年（1912）开始编写的"共和国教科书"、民国二年（1913）开始编写的"初等小学用单级教科书"、民国五年（1916）开始编写的"实用教科书"等大规模、成套系的教科书中，也都有杜亚泉主编或者参编的大量教材。他在选题结构、教材内容等方面的悉心擘画，是教材大获成功的关键因素之一。他不仅亲自主编或者参编教科书，理化部

[①]　周武：《为国家谋文化上之建设——杜亚泉与商务印书馆》，《档案与史学》1998 年第 4 期。

其他同人所编写的教科书，很多也是在他的指导下完成的。可以这么说，没有杜亚泉，商务早期的教科书在理科方面是不完整的。正是因为杜亚泉的努力，才奠定了商务印书馆理科教科书出版的基础。

杜亚泉在教科书上灌注着他为国家谋文化之建设、推动基础教育发展的一腔热忱。他特别重视蒙学，因而所编写的教科书，大都内容浅显、通俗易懂，许多人都从他编写的教科书中取得了启蒙知识，特别是自然科学的启蒙知识。袁翰青就回忆道，杜亚泉是他"崇敬的一位前辈学人，他编的书刊曾经丰富了我的知识"[①]。应该说，由于商务印书馆的地位，那一代学子都或多或少接触过杜亚泉所编写的理科教科书。

杜亚泉力图通过推行教育来形成"国民概念"，他认为：

> 国于天地，必有与立，不仅赖人民、土地、政治之备俱已也。其所以能结合而成为国家，不虞涣散者，又不仅赖有险阻之地利、纯粹之民俗、统一之言文、齐同之风习已也。必其人民与人民间，意识思虑大致相同，好恶爱拒不甚悬隔，判断事理既无显著之差违，辨别是非复鲜反复之矛盾，夫而后群策群力，相系相连，而国本于以奠定焉，则国民共同之概念是以。[②]

也就是说，杜亚泉认为一个国家最重要的立国基础乃是"国民概念"。但是国民概念因为每个国家的状况不同而有很大差别，如"专制国民

---

① 袁翰青：《自学有成的科学编译者杜亚泉先生》，香港《新晚报》1982年2月7日。
② 杜亚泉：《国民共同之概念》，《东方杂志》第十二卷第十一号，1915年。

之从命令，立宪国民之遵守法律，德人之注重武事，法人之崇尚民权，日人之拥戴天皇"[1]，都是如此。"是故善为国者，一方面熟察人民之概念，顺其势而用之；而他方面则有默化潜移，养成人民同一之概念。"[2] 因此，要治国安邦（在当时的环境下要救国），在杜亚泉看来，最终要落实到培养国民比较"先进"的共同"概念"上来。那怎么样来培养国民的共同"概念"呢？杜亚泉认为小学教育非常重要，"夫小学教育，每与国家以伟大之影响，时或收意外之殊绩者，非徒使识字人数增多，浅近知识普及而已，为其有无形之教旨，深入于人民之脑中，使之其趋于一致也。"[3] 正是基于此，杜亚泉编写教科书，重心在中小学理科教材，尤其重视小学教科书。笔者大略整理了杜亚泉在商务印书馆早期编著的部分有代表性的小学教科书，兹列表如下，从其数量和覆盖面，可管窥一斑。

杜亚泉编著的部分小学教科书[4]

书　名	出版年份
《文学初阶》	1902 年 7 月
《高等小学最新笔算教授法》（合译）	1905 年 7 月
《初等小学格致教科书》	1906 年
《初等小学格致教科书教授法》	1906 年 11 月
《高等小学农业教科书》（合编）	1910 年以前
《共和国教科书·高等小学新理科》（春季用）（合编）	1912 年
《共和国教科书·高等小学新理科教授法》（合编）	1912 年

---

① 杜亚泉：《国民共同之概念》，《东方杂志》第十二卷第十一号，1915 年。

② 杜亚泉：《国民共同之概念》，《东方杂志》第十二卷第十一号，1915 年。

③ 杜亚泉：《国民共同之概念》，《东方杂志》第十二卷第十一号，1915 年。

④ 据许纪霖、田建业编《杜亚泉文存》之《杜亚泉生平著作、译著及编著目录》整理，上海教育出版社 2003 年版，第 466—470 页。

续表

书 名	出版年份
《共和国教科书·高等小学新理科》（秋季用）	1913 年
《新法后期小学理科教科书》（合编）	1920 年

这些教科书在当时都有很大的影响，对于正处在起步阶段的新式基础教育，其意义是不言而喻的。

杜亚泉编写的教材，特别注重逻辑体系的建构。当时新式教育刚刚起步，而他编写的教材已经暗合于当代很多教材的逻辑体系。教材编写的逻辑体系包括两个方面，即学科发展逻辑和心理认知逻辑。所谓学科发展逻辑，"就是按照一定的理论方法使学科中的各个知识点串联起来而形成一定的线索结构，它通常以概念、推理、命题等形式出现"[1]。所谓心理认知逻辑，"是指按照学生心理发展的先后顺序组织编写教材"[2]。两种逻辑体系各有其长短优劣。杜亚泉所编写的教科书，已经较好地兼顾了以上两种逻辑体系。

比如《共和国教科书·高等小学新理科》，这套教材分为秋季始用和春季始用两个版本。秋季始用版本第一册目次如下：

目　次	授课时数
第一　田野	一
第二　稻	二

---

① 杜尚荣、李森：《中小学教材编写逻辑体系的反思与重构——兼论教材编写的教学逻辑体系》，《课程·教材·教法》2014 年第 10 期。

② 杜尚荣、李森：《中小学教材编写逻辑体系的反思与重构——兼论教材编写的教学逻辑体系》，《课程·教材·教法》2014 年第 10 期。

这一目次看起来虽然简单，但是仔细揣摩，便会发现杜亚泉的用心良苦之处。首先，按照名称（概念）来结构教材，可以确保知识的系统性和完整性、科学性，有利于形成知识的网络，而且前后的知识点衔接有一定的逻辑关联。如第一课最后，以总结性的话语表述田野："田野之农产物，种类繁多。其供吾人之食用者，如谷类、豆类、瓜类、菜类是也。"① 接着第二课，便开始介绍"稻"，从"田野"到"稻"，这在逻辑上是前后连贯的。其次，教材基本剔除了"繁、难、偏"的内容，所讲授的都是小学生习以为常、随处可见的事物，比如蜻蜓、螳螂、犬、马、鸡等，这样的内容结构特别符合小学生的心理认知逻辑，易被小学生接受，能够较好地满足学生心理发展的需要。再次，教材的内容编排与适用教材的季节隐然暗合。比如，上述这本教材是秋季使用的，第七课便专门讲述了"秋之风景"。虽然是理科教材，但作者的叙述一点也不枯燥，充满诗意的描述："秋日气候渐寒，风景独佳。其点缀以成秋色者，则有杂草；凄切以发秋声者，则有鸣虫。"② 而后解释了秋天杂草从何而来、鸣虫实际是翅摩擦而发声的科学常识，等等。这样的结构安排，既能够和季节吻合，让学生感同身受，便于观察，又能让学生在享受秋天之美的同时掌握基本的自然常识。最后，每一课的内容安排不多，第一课"田野"仅有139字，第二课"稻"仅有132字，但第一课安排了一个课时，第二课安排了两个课时，给了授课教师极大的发挥空间，体现了教材的开放性和可操作性。同时，教材还配有许多插图，图文并茂的形式更能让学生理解和掌握内容。

　　杜亚泉重视教材的逻辑性，还显见于编写的配套的教授法。在《共和国教科书·高等小学新理科教授法》的编辑大意中，杜亚泉开宗明义地指出：

---

① 杜亚泉等：《共和国教科书·高等小学新理科》（秋季始用）第一册，商务印书馆1913年版，第2页。

② 杜亚泉等：《共和国教科书·高等小学新理科》（秋季始用）第一册，商务印书馆1913年版，第12页。

> 此教科书选择教材颇注意于下列之条件：一为对于人生之关系较为重要者；二为在科学上可以为模范者；三当注重于生态一方面，必其生活之理法易于明显者；四为容易采得实物者。至教材之排列，亦必从时节之顺序，而科学上之关系及生态上之关系，前后次序尤为注重。①

重要、典型、显明、易得，是选材的原则；注重时节顺序、科学关系、生态关系，是对编排逻辑的重视。这都体现了杜亚泉作为编者的主体性。

为了确保自己编写教材的理念能够被使用者接受，杜亚泉还编写了许多与教材配套的教学参考书。教学参考书是教师理解教材、领会教材编写者意图、选择教学方法、设计教学方案的重要依据之一。清末民初，具有现代意义的教学方式和教材刚刚进入中国，能够掌握现代科学知识、具有一定新视野的知识分子本就奇缺，遑论优秀师资了。因此，杜亚泉把教学参考书的编写当作教材编写不可或缺的一部分。在商务印书馆期间，杜亚泉译著、编写的教学参考书大致有如下一些：

书 名	出版年份
《高等小学最新笔算教授法》（合译）	1905 年
《博物学教授指南》（译著）	1908 年
《最新笔算教科书教授法》（合编）	1904 年
《初等小学格致教科书教授法》	1906 年
《格致课本教授法》	1907 年
《共和国教科书·高等小学新理科教授法》（合编）	1912 年

---

① 杜亚泉、杜就田：《共和国教科书·高等小学新理科教授法》第一册，商务印书馆1912 年版，第 3 页。

杜亚泉力图使教学参考书成为沟通教师和教材、教学的桥梁。他所编写的教学参考书，对教师的指导意义主要表现在以下四个方面：一是明确安排了教学时数；二是设置了每课的教学目标；三是交代了必要的教具的准备；四是详细讲述了教学的各项内容。

以《共和国教科书·高等小学新理科教授法》第四册为例。这套教学参考书编写于 1912 年，教材是教育部审定通过的，教参的编写也颇多可取之处。在教参的目录最后，有本册书的时间分配方法："每篇教授二时者，其分配方法可分三种：（甲）每篇平分二段，每时教授一段；（乙）每篇分二段，第一段较多，第二段较少，第一时教授第一段，第二时教授第二段，并复习全篇；（丙）不分段落，第一时教授，第二时复习；其每篇教授三时以上者，以此类推（如三时者可分二三段，四时者可分三四段，或竟不分段落，视各篇内容而定）。"[①] 杜亚泉虽然安排了每一篇的教学时数，但并不是唯一的、封闭的，而是提供了几个选项供老师自己选择，这就让教师有了变通的余地而非僵化地完全依赖教参。在第一课"山林之树木"中，指出了本科的"要旨"："论山林之树木，使知植物与气候相关之大概。"[②] 这就使老师很快地把握住本篇的教学目的，从开始便指向了结果，从而在教学过程中围绕这个目的下功夫。对本篇课文需要准备的教具，杜亚泉也有明确交代，即中国地图、树木标本、樟脑、漆、橡皮。然后顺利从准备过程导入教学过程，详细讲述了教学的各项内容。最后杜

---

① 杜亚泉等：《共和国教科书·高等小学新理科教授法》第四册，商务印书馆 1912 年版，"目次"第 2 页。

② 杜亚泉等：《共和国教科书·高等小学新理科教授法》第四册，商务印书馆 1912 年版，第 1 页。

亚泉还用知识框架图的形式总结了本篇的知识点和彼此之间的联系，使教师对本篇的知识脉络一目了然，能够深入理解教材，有序操作，准确指导。

从这套教学参考书的编写可以看出，在当时的社会背景下，杜亚泉通过教参来培训师资，对新式基础教育的推行，具有特别重要的作用。

三、大刀阔斧改革《东方杂志》

编写理科教科书之外，杜亚泉对商务印书馆的另一大功绩是对《东方杂志》大刀阔斧的改革。胡愈之曾在《追悼杜亚泉先生》一文里说过："《东方杂志》是在先生的怀抱中抚育长大的。"[①] 此言并不是溢美之词，可以说，没有杜亚泉，就没有《东方杂志》从初创的稚嫩走向成熟，也就没有后来的大发展。

《东方杂志》是中国近代史上连续刊行时间最长的一份民办综合性期刊，在中国期刊史上占有重要地位，影响了中国现代文化的发展历程。戈公振曾称赞《东方杂志》是"杂志中时期最长久而最努力者"[②]。1903 年，夏瑞芳提议创办《东方杂志》，张元济附议。初定名《东亚杂志》，因和德人主办的《东亚杂志》重名而改为《东方杂志》。1904 年《东方杂志》创刊伊始，便以"启导国民，联络东亚"为宗旨，它的兴办，和清末兴学堂、办报纸的风气有一定关联，但

---

① 胡愈之：《追悼杜亚泉先生》，《东方杂志》第三十一卷第一号，1934 年。
② 戈公振：《中国报学史》，上海古籍出版社 2003 年版，第 161 页。

更多的还是反映了当时的创办者以报刊为阵地，传播新思想的愿望和努力。

《东方杂志》在创办之初并没有标明主编。光绪三十三年十二月（1908 年 1、2 月间），《大清报律》颁布，明确规定必须标注主编姓名。于是，从第五卷第七号开始，《东方杂志》开始在版权页上标注编辑姓名，如"编辑者阳湖孟森"，这个"编辑者"就是我们现在所谓的主编。实际上，《东方杂志》的首任主编是徐珂，徐珂之后是孟森，从第六卷第一号开始，杜亚泉慢慢接手主编的工作，并以"华阳陈仲逸"署名。章锡琛明确说，"陈仲逸"就是杜亚泉的假名。① 不过，1920 年初，陶惺存接手《东方杂志》，第一号至第十五号依然署名"华阳陈仲逸"。有学者经过研究认为，"华阳陈仲逸"是《东方杂志》几任主编都用过的假名。当然，杜亚泉在 1911—1919 年执掌《东方杂志》是没有任何疑问的。

在进商务之前，杜亚泉就创办过《亚泉杂志》和《普通学报》，对期刊本就不陌生，现在主编《东方杂志》不需要过多考虑销售、赢利等经营性的问题，因此更得心应手。经过两年的摸索，杜亚泉从宣统三年（1911）开始，对《东方杂志》进行了大刀阔斧的改革，从此《东方杂志》进入"杜亚泉时期"，亦即公认的第二时期——逐渐成熟和快速发展期。

这次的改革是全方位的。杜亚泉在《东方杂志》第八卷第一号卷首刊登广告：

---

① 参见章锡琛：《漫谈商务印书馆》，载《商务印书馆九十年》，商务印书馆 1987 年版，第 112 页。

国家实行宪政之期日益迫，社会上一切事物皆有亟亟改进之观，我《东方杂志》刊行以来，已七阅寒暑，议论之正确，记载之翔实，既蒙当世阅者所许可，顾国民读书之欲望，随世运而俱进，敝社同人不得不益竭绵力以谋改良。兹于今春扩充篇幅，增加图版，广征名家之撰述，博采东西之论著，萃世界政学文艺之精华，为国民研究讨论之资料，借以鼓吹东亚大陆之文明。①

具体的改革措施主要有五条：

（一）改三十二开本为十六开本，每期八十页二十余万字，字数较前增加一倍；

（二）每期卷首列铜版画十余幅，随时增入精美之三色图版，各栏内并插入关系之图画；

（三）各栏内揭载政治、法律、宗教、哲学、伦理、心理、文学、美术、历史、地志、理化、博物。农工商业诸科学最新之论著，旁及诗歌、小说、杂俎、游记之类，或翻译东西杂志，或延请名家著作，以启人知识，助人兴趣为主。

（四）记载时事，务其大者，近自吾国，广及世界，凡政治上之变动，社会上之潮流，国际上之关系，必求其源委，详其颠

---

① 转引自周武：《为国家谋文化上之建设——杜亚泉与商务印书馆》，《档案与史学》1998年第4期。此段广告本应是反映杜亚泉对《东方杂志》改革思想及举措的重要史料，但笔者遍寻纸质本和电子期刊的《东方杂志》第八卷第一号，均未见到此则广告，不能不说是莫大的遗憾。

末，法令公文亦择要附录焉。

（五）定价特别从廉，仍如曩例。[①]

这些改革措施，概而言之，体现在三个方面：

第一，形式的改变。

出版物是形式和内容统一构成的整体。相对而言，给读者第一印象最深的往往是出版物的呈现形式。杂志更是如此，无论是开本选择、封面设计，还是目录编排、正文编排，都影响着杂志的整体审美风格。在《东方杂志》整体改革之前，开本选择的是 32 开，小开本在编排大的图画、表格等内容时必然受到种种约束，看起来会比较拘谨、小气。改良之后用 16 开的大开本，显得更加美观、大气。封面往往能给读者留下最深刻的第一印象，好的封面设计，既能给读者很强的视觉冲击力，又能够勾勒出该刊的办刊特色，彰显和其他刊物的区别。《东方杂志》改革前后的封面设计是有很大区别的，改版之后，封面采用彩色印刷，在醒目的位置标明卷数、期数以及出版时间和发行者，这已经颇具现代期刊的雏形。目录的编排按照栏目区分，由于开本大了，周围有足够的留白，比起第七卷有明显的进步。从正文的编排来看，也更加注重形式美。卷首有 12 页铜版画，比起 1910 年第七卷第十二号的 3 幅插画多出了 9 幅，而且因为是彩色印刷而显得更为精美。正文的标题有花边修饰，这些都是编者在形式上的改良。

通过以上对比，可以明显看出《东方杂志》改革之后在版式上的

---

① 周武：《为国家谋文化上之建设——杜亚泉与商务印书馆》，《档案与史学》1998 年第 4 期。

第七卷第四号和第八卷第一号目录版式对比

第七卷第四号和第八卷第一号正文版式对比

进步。不唯如此,改革后的《东方杂志》,在正文中,还随时插入精美的插图,比如在第八卷第一号就有"托尔斯泰伯爵"、"热气球、氢气球"、"法兵入安南城"等插图,这样就更加增强了杂志的趣味性,给人以审美愉悦感。

第二,内容的改变。

《东方杂志》草创之初,主要还是以选刊各种文献为主,特别是时政方面的资料,有作者署名的文章非常少见。以第七卷第十二号为例,该期杂志分为八个栏目,分别是《图画》、《论旨》、《论说》、《记载》、《文件》、《调查》、《附录》、《名表》,从栏目即可看出刊物以选文为主的特点。而第八卷第一号,取消了论旨,开篇即为高凤谦的署名文章《利害篇》,全刊合计署名文章达 18 篇之多,一改过去以时政资料为主、论说为辅的局面,而以各种论著为主,开创了"中国杂志界的新局面","大大地拓展和丰富了现代杂志的内涵与外延"①。

第三,注重读者和作者。

虽然开本、篇幅都有了很大改动,而且图画改用彩色印刷,插图数量也增加了不少,但是为了照顾读者,定价依然为每册三角。除了从读者角度出发,不涨杂志资费之外,还广泛征求来稿。在第七卷第十二号刊载的投稿规制中说:"本杂志论说调查二门并拟收容来稿,其体例如下:撰论或选译外论以规划大局、陈善纳海为合格。反是者不录;调查之为义,无所不该,大之如地势民情,小之如农工商业皆为本杂志所欢迎。"② 可见,杜亚泉已经把刊登署名文章作

---

① 周武:《为国家谋文化上之建设——杜亚泉与商务印书馆》,《档案与史学》1998 年第 4 期。

② 版权页,《东方杂志》第七卷第十二号,1910 年。

为《东方杂志》的重要内容。当时，《东方杂志》的稿酬算是比较优渥的，"一等每千字五元，二等四元三等三元四等二元"（起初主要是赠送商务印书馆购书券），而《东方杂志》订购全年的资费才需要三元，可以想象，这些作者都将是《东方杂志》潜在的忠实读者。这样，《东方杂志》销量很快就达到了1万份以上，打破了历来杂志销数的纪录，[①] 成为当时知识分子首选的杂志。

杜亚泉对《东方杂志》的这次大改革，是《东方杂志》发展历程中变动最大的一次，也是《东方杂志》从草创期到快速成长期的一个分水岭。实际上，只要研究《东方杂志》，甚至只要提到《东方杂志》，人们往往最先想到的就是杜亚泉，可见杜亚泉对《东方杂志》的影响之深。具体而言，杜亚泉主编《东方杂志》的思想体现在以下几个方面。

第一，选文宏富，涵盖广阔。

杜亚泉接手《东方杂志》后，延请名家撰述文章，刊发了大量的署名文章。君子"和而不流"，"中立而不倚"。[②] 在这种思想的驱使下，杜亚泉主编的《东方杂志》不流不倚，包罗万有。

从选文的范围来看，既有对时事的评述和政论文章，有各种思想文化的介绍，也有对科学技术的推介、文学作品的选刊，内容相当宏富。以第八卷第一号为例，前面刊发的文章既有关于政治的《政党论》、《减政主义》，关于国际形势的《纪墨西哥之乱》、《纪巴西之乱》，还有关于科技的《空中飞行器之略说》、《最近之一大发明（单

---

① 参见章锡琛：《漫谈商务印书馆》，载《商务印书馆九十年》，商务印书馆1987年版，第112页。

② 《中庸》第十章。

轨铁路)》，关于生物学的《苜蓿考》，关于数学的《代数学中之谬误》、《几何学中之谬误》等等，后面相对固定的栏目包括《科学杂俎》、《诗选》、《杂纂》、《中国大事记》、《外国大事记》等等。这些选文，"精粹而不芜杂，视野开阔又不乏一定深度，论议稳健并讲求学理"①，总的来说，都是围绕"为社会倡有用之思想"这个中心的。《东方杂志》刊载了大量的社会科学方面的文章，既有对中国传统文化的研究，更有对西方各种思潮的翻译和述评。杜亚泉秉持儒家的人文精神传统，更以兼容并蓄的气度对待外来文化。他曾说："世界事理，如环无端，东行之极，则至于西；西行之极，亦至于东。吾人平日主张一种之思想，偶闻异己之论，在当时确认为毫无价值者，殆吾所主张之思想，研究更深，而此异己之论，忽然迎面相逢，为吾思想之先导。"② 在中国人的传统观念中，时间和事件的运动并不是单向度的直线运动，而是循环往复的。所谓物极必反，否极泰来，蕴含着朴素的辩证法。而当时中国对于世界的观念已经从"天如斗笠、地如覆盘"转化为地球是一个球体，中国并非是世界的中心了。大家已经了解从东可以至于西，亦可复至于东的概念。杜亚泉借用这个理论，形象地说明了凡事不可绝对，因此不要轻易否定一种思想的道理。尽管他坚持以中国传统文化为根基，但在他入主《东方杂志》后特别是 1913 年后，《东方杂志》所刊载的关于西方各种思想的文章占到了百分之七十，文化视野大为开阔。

杜亚泉的兼收并蓄，并不是毫无目的地眉毛胡子一把抓，并不是不分主次的大杂烩，而是有所选择、有所倾向的。总的来说，杜亚泉

① 李静：《杜亚泉与〈东方杂志〉》，《青海社会科学》2007 年第 4 期。
② 杜亚泉：《论思想战》，《东方杂志》第十二卷第三号，1915 年。

比较注重对国内外时势的报道，注重对国外各种思潮的翻译介绍。当时最主要的几个作者，钱智修、胡愈之、甘永龙以翻译介绍英美的各种文章为主，君实、许家庆、章锡琛以翻译介绍日本的各种文章为主。但这种翻译，又并不仅仅停留在翻译，一般都能有作者自己的思考和述评，从而以《东方杂志》为根据地形成了以肯定中国传统文化固有价值，主张以中国传统文化为根基，温和渐进地推动社会与文化转型的所谓"《东方杂志》派"。在帝国主义列强用坚船利炮轰开中国紧锁的国门之后，处于转型时期的那一代中国知识分子未免会从各种各样的角度去审视西洋文明，而由于自幼深受儒家文化影响，杜亚泉显然更愿意承袭中国传统文化，尽管他不能不承认传统文化的一些问题，他也尽力接受、介绍西方的文明，但他内心深处始终是一个没有与传统割裂的儒者。因此，在看到西方文明带来的种种弊端后，杜亚泉以其儒者的冷静和客观，努力去寻找一条相对温和的、中庸的调适路线，以实现他的理想和目的。这体现在他的出版理念上，体现在他主笔杂志的实践活动中，就是始终以一种不流不倚的原则，包罗万有而不失自己之态度。

第二，关心时局，疏离而不回避政治。

在杜亚泉主编《东方杂志》期间，第一次世界大战爆发，这给了杜亚泉很大的触动。杜亚泉以一个理性主义者的身份冷峻地审视政治、关注时局，在某种意味上，正是在杜亚泉手里，奠定了《东方杂志》疏离但是不回避政治的办刊风格。所谓疏离，是不直接旗帜鲜明地主张某种政治观点，或者说不干涉政治，这对杂志的延续和发展既是一种保护，也是杜亚泉作为调和主义者不偏不倚的编辑思想的体现。所谓不回避政治，是指对中外大事的发生始终保持适度的关注。

利用传媒来关注和影响社会，本来就是近代知识分子转型过程中重构自己身份的应有之举，所以，《东方杂志》对国际和国内新近发生的大事，基本上都有客观而及时的报道。比如在第九卷第一号上，就刊载有钱智修的《美国选举竞争之近状》介绍美国当时的选举状况，许家庆的《英德协商之进行》介绍英国陆军大臣好尔登赴德谈判的情况，还在《内外时报》栏目中报道了袁世凯莅临参议院的宣言等等。特别是一战爆发后，《东方杂志》对战争的起因、战争的进展、战争所带来的后果等做了大量翔实、客观的报道。

第三，重视主编亲自撰述文章，做舆论的顾问。

《东方杂志》稳健持中的办刊风格，是在杜亚泉手里真正形成的。杜亚泉秉持一种价值中立的自由思想，强调要做舆论的顾问，而不是指导舆论或者引领舆论。他除了延请名家为杂志写稿以外，自己也撰述了大量的文章，这些文章，很多是以"伧父"或者"高劳"的笔名发表的。孔子曾经说过："天下有道，则庶人不议。"[①]这句话隐含的意思实质上就是"天下无道，则庶人议之"。杜亚泉生活的年代，正是中国内外交困、形势最为窘迫的年代，杜亚泉当然不会袖手旁观。他选择的宏济艰难的途径就是尽力为社会倡导有用的思想（当然，这个"有用"是以杜亚泉自己的标准来界定的）。

杜亚泉虽然没有留过学，但是他对西方文化是相当关注的。他关注的目的很明确，就是为社会倡导能够解民于倒悬、救国于水火的文化思想。正如许纪霖先生认为的那样："杜亚泉是一位启蒙学者"，他用他的方式默默地传播着科学与文明，即利用出版工作的便

---

① 《论语·季氏》。

利，特别是《东方杂志》主编的便利，来撰文宣扬他认为的能够济世救民的思想。

这些文章大概有以下几种主题：

第一种主题，介绍各种政治学说。第八卷第一号，杜亚泉发表《减政主义》，阐述了减政主义的内涵及其意义："减政云者，减并官厅，减少官吏，减省政务，即缩减政治范围之谓也。此主义在欧洲及日本各国间，颇倡导之"[①]，并尝试用减政主义来观照当时之政治以及将来之官制，最后他总结道："减政主义者，各国社会上之新倾向也，我国政治上之旧经验也，实行宪政之前提也，救济财政之良法也。我邦人君子，勿以此为反对新政者之常谈，则幸甚矣"[②]，纠正了当时人们对于减政主义的一些误解。同期，杜亚泉还发表《政党论》，对政党制度做了大致的介绍后，他进一步阐发自己的观点："自主义上观之，则将来我国之政党，不外通例所有之二种，即保守党与进步党而已。……予以谓此二党者，如车之两轮，鸟之两翼，相扶相助而皆不可缺。"[③] 从这里可以看到，杜亚泉的调和主义思想已经初现端倪。辛亥革命胜利后，杜亚泉又在《东方杂志》第八卷第十一号上发表《论共和折衷制》，阐述了自己对中华民国成立后政体的大致构想。其他比较重要的同类文章还有《美国之新国民主义》（第八卷第四号）、《社会主义神髓》（第八卷第十一号、第十二号，第九卷第一号、第二号、第三号）、《自治之商榷》（第十二卷第二号）、《集权与分权》（第十三卷第七号、第八号）、《真共和不能以武力求之论》（第十四卷第九号）

---

① 杜亚泉：《减政主义》，《东方杂志》第八卷第一号，1911 年。

② 杜亚泉：《减政主义》，《东方杂志》第八卷第一号，1911 年。

③ 杜亚泉：《政党论》，《东方杂志》第八卷第一号，1911 年。

等。这些学说，有一部分是译文，杜亚泉除了对它们进行相对比较详细的介绍外，还大致阐发了自己的观点，但都是持比较温和的态度，而不是激烈地直接表示完全赞同或否定。

第二种主题，述评西方各种思想文化。这是杜亚泉在《东方杂志》上所发表的文章中极其重要的一部分。杜亚泉以冷静理性的态度，选择性地介绍了当时西方比较流行的思想文化，特别是和达尔文的进化论相关的一些思潮。如在第十卷第一、二、三号上发表的《精神救国论》，即批驳了军国主义，在对达尔文主义和斯宾塞的哲学论进行介绍分析后，杜亚泉评价达氏之说与弱肉强食主义其实大相径庭，达氏之道德观念与竞争观念，实相成而不相悖，而斯宾塞更是强调协力互助与生存竞争相调和，这与世人所理解的达尔文和斯宾塞的学说，有很大的差异。值得注意的是，杜亚泉在阐释西方思想文化时，往往会借用中国传统文化的资源来进行比较。比如在《东方杂志》第十卷第六号上发表的《理性之势力》，即借用孔孟的学说对西方的理性主义进行了解释。这在某种程度上也反映了杜亚泉所受中国传统文化影响之深巨。杜亚泉此类文章中比较重要的还有《静的文明与动的文明》（第十三卷第十号）、《战后东西文明之调和》（第十四卷第四号）、《新旧思想之折衷》（第十六卷第九号）、《何谓新思想》（第十六卷第十一号）等。

第三种主题，介绍近代自然科学知识。这部分文章虽然在杜亚泉发表于《东方杂志》的文章中所占比例不多，但是依然可以看作他在《亚泉杂志》和《普通学报》上发表自然科学类文章的接续，也反映了他对推动科学救国的热诚。此类文章中比较重要的有《理科小识》（第六卷第一号、第五号）、《食物养生法》（第八卷第二号）、《鼠疫之预防及看护法》（第八卷第二号）、《尿粪制造燃灯瓦斯》（第八卷第十二号）、《钢骨三和土建筑法述略》（第十四卷第一号）、《最轻之金属与最轻之气体》（第十四卷第十二号）等。

第四种主题，报道和介绍国际国内大事。虽然《东方杂志》一直以一种超然于政治之外的冷静自居，但对时事还是比较关注的。俄国十月革命后，杜亚泉即发表文章《俄国大革命之经过》，介绍了十月革命发生的过程，并对革命发生的原因进行了分析。一战爆发后，杜亚泉撰文多篇，及时报道战局的进行和发展情况。从第十一卷第二号开始，发表《欧洲大战争开始》，后来又在第十一卷第三号、第四号、第五号，第十二卷第一号、第三号、第五号、第八号、第十号、第十二号，第十三卷第三号、第十二号上以《大战争续记》为题对欧战进行了连续报道。其他关于国际国内大事报道，比较重要的文章还有《墨西哥乱事记》(第八卷第三号)、《川路事变记》(第八卷第八号)、《外蒙古之宣布独立》（第九卷第二号）、《中华民国第一届国庆纪事》（第九卷第六号）、《美国之参战与战后之变动》（第十四卷第十一号）、《革命后之俄国近情》（第十四卷第十二号）、《欧战延长之原因及与我国之关系》(第十五卷第九号)、《国际联盟之成立与日英同盟之将来》(第十六卷第九号）等。

杜亚泉在主编《东方杂志》期间，发表的文章有三百多篇，他学问渊博，又胸怀救国济民的知识分子情怀，在很多方面都有自己的研究和著述，是一个百科全书式的学者，这些从他在《东方杂志》上发表的文章可见一斑。

第四，敢于和善于发现新的作者。

《东方杂志》作者的范围也非常广泛，除了杜亚泉自己，还包括胡愈之、钱智修、章锡琛、君实、许家庆、恽代英、杜就田、杜山佳、寿孝天、吴稚晖、钱基博、瞿秋白、周作人等，既有老一代的成名已久的学者，也有风头正劲的一时的领军人物，既有杜亚泉的亲朋好友，也包括和杜亚泉思想、政见不合者，这也充分体现了杜亚泉兼收并蓄，内举不避亲、外举不避仇的包容思想。

另外，杜亚泉还特别敢于和善于发现新的作者。对新的作者，杜亚泉历来持鼓励和培育的态度。他慧眼识珠，特别能发现人才。1914年，年仅19岁的恽代英在《东方杂志》上发表他的处女作《义务论》，杜亚泉看到这篇文章后，十分赏识，后来又刊登了恽代英的好几篇文章，并且两人还就婚姻家庭问题，在《东方杂志》上进行了一次争论。1916年，《东方杂志》在第十三卷第五、六、七号连载梁漱溟的《究元决疑论》。此文是梁漱溟早期佛学思想的重要代表作，发表之后，引起了学术界的广泛关注。据梁漱溟回忆，自己在北大担任讲席，即是以此文为贽去拜访蔡元培的。除了延请名家，对新人才的挖掘也使《东方杂志》网罗了一大批后来逐渐知名的作者群体。

1918年，杜亚泉与陈独秀各自以《东方杂志》和《新青年》为阵地，展开了名震一时、影响深远的东西文化论战，后来论战的内容日渐扩展，参与的人数也越来越多。最终，商务印书馆高层迫于舆论和经营的压力，不得不改组《东方杂志》，这次论战以杜亚泉黯然去职而告终。但杜亚泉对《东方杂志》的影响，是十分深远的。首先，这十余年恰逢世界和中国风云变幻之际——欧战爆发、俄国十月革命、中国辛亥革命等等，在杜亚泉主持下，《东方杂志》对此多有翔实报道，客观上起到了记载这些历史大事的作用，在当时能够让人们及时了解这些大事，在如今则成为研究那段历史的珍贵史料。其次，杜亚泉推介了大量西方思想文化到中国，使得当时的有识之士能够睁眼看西方，掀起了文化论争和创新的风潮。再次，杜亚泉对新人的发掘和培养，不仅为《东方杂志》延续了血脉，还使得这些新人迅速成长起来，成为中国思想文化现代化发展中的领军人物。1934年，《东方杂志》创刊30周年之际，以编辑部名义在"三十周年纪念号"上发表《追悼杜亚泉先生》一文，比较客观地评价了杜亚泉对《东方杂志》的贡献，认为《东方杂志》之有今日，与杜亚泉的努力密不可分，并且还正面评价了杜亚泉与陈独秀的论战，认为杜亚泉以理性支配欲望为最高之理想，是中国启蒙时期的一个典型学者。这并不是溢美之词，而是对杜亚泉之于《东方杂志》的客观而公允的评价。

四、尝试编写工具书

杜亚泉在编写教科书的过程中，深感工具书之重要。当时经他手所编的自然科学教材品种繁多，门类齐全，但不管是编写教科书，还是教师们使用教科书，乃至学生们学习，都亟须相应的专门类的工具书，而这种工具书在当时可谓奇缺。因此，杜亚泉便把目光投向了工具书的编写。

商务印书馆作为我国近代出版重镇，在辞书出版方面的尝试是比较早的，素来也以出版辞书闻名。在商务早期出版的辞书里，《辞源》是分量较重的一本。《辞源》由陆尔奎、高凤谦、方毅等主编，历时八年方始付梓。它是我国第一部以语词为主，兼及百科词汇的现代综合性辞书。可以说，从《辞源》开始，才真正开始对字词有了现代的科学解释。《辞源》收录了很多自然科学的词汇，这些词汇，有很大一部分是由杜亚泉负责编写的。杜亚泉开风气之先，用他所掌握的现代自然科学知识对字词进行释义。比如"水"字，从《说文解字》开始，历代辞书的解释都是"水、准也"，而杜亚泉的解释是："水，氢气氧气化合之液体，无色无臭。摄氏表百度则沸，冷至零度凝为冰。"寥寥数语，简洁地把水的构成和物理性质准确地描述了出来。

但《辞源》毕竟是一本综合性的工具书，一般读者日常使用可能够了，对专业的读者，则远远不够。特别是近代自然科学知识传入中国后，一些专门的科技词汇，在中国传统的辞典里面，很难检索到。正是在这种情况下，杜亚泉萌生了编写专门的科技工具书的想法。在杜亚泉早期所编写的工具书中，以《植物学大辞典》最为有名。

《植物学大辞典》是杜亚泉、孔庆莱、吴德亮等 13 位学者历时 12 年编写而成的，于民国七年（1918）初版，后来又多次修订再版。目前能看到的版本，大多标明是"孔庆莱"等主编，而实际上这本书的主持者应为杜亚泉。当时版权页所列 13 位编辑姓名，是按照姓氏笔画多少排序的，孔庆莱因为"孔"字笔画少，所以排在第一位。后来的收集整理者，也就按照约定俗成的做法，把孔庆莱作为主编了，这是不准确的。

这点可以从一些文献中得到佐证。如蔡元培在《杜亚泉君传》中说道："君生平撰著，多由商务馆出版。如算学理科各教科书、动植物学两大辞典及其他各种科学书，未易枚举。"[①]胡愈之回忆道："商务

---

① 蔡元培：《杜亚泉君传》，载许纪霖、田建业编：《一溪集——杜亚泉的生平与思想》，生活·读书·新知三联书店 1999 年版，第 4 页。

印书馆初期所出理科教科书及科学书籍，大半出于先生手笔，其中如《动物学大辞典》、《植物学大辞典》，尤为科学界空前巨著。"① 章锡琛则说得更为明确："其篇帙最巨者，如《动物学大辞典》、《植物学大辞典》，皆君为之主编。"② 这些和杜亚泉相交甚深者的回忆，应该是可靠的。

《植物学大辞典》由郑孝胥题写书名，有趣的是，郑孝胥题写的书名是"植物学大词典"，但封面上却明白无误地写着"植物学大辞典"。作序的共有四人：伍光建、蔡元培、祁天锡、杜亚泉。这四人均对《植物学大辞典》编写的意义、成就和重要性给予了高度肯定。伍光建说：

> 杜君亚泉，黄君以仁等，有鉴于此，殚十余年之力，广搜博求，先成植物辞典一书。是非疑似，釐别审定，条例整然。全书附图一千零零二幅，系说四千一百七十余条，诚可为后学先导，为将来农功开一隙之明矣。③

蔡元培说：

> 欧化输入，而始有植物学之名。各学校有博物教科，各杂志有关乎博物学之记载。而植物学之名词及术语，始杂出于吾国之

---

① 胡愈之：《追悼杜亚泉先生》，《东方杂志》第三十一卷第一号，1934 年。

② 章锡琛：《杜亚泉传略》，载许纪霖、田建业编：《一溪集——杜亚泉的生平与思想》，生活·读书·新知三联书店 1999 年版，第 16 页。

③ 孔庆莱等：《植物学大辞典》序一，商务印书馆 1918 年版。

印刷品。于是自学校师生以至普通爱读书报者，始有感于植物学辞典之需要，而商务印书馆乃有此植物学大辞典之计划。集十三人之力，历十二年之久，而成此一千七百有余面之巨帙。吾国近出科学辞典，详博无逾于此者。[1]

祁天锡则肯定道："则此书之作，足以应学者之需要，固可知矣。"[2]杜亚泉自己也作了一个序言，阐明了辞典编纂的由来：随着植物学名词的传入，西文名称很难用中国固有的普通名称与之对应，以往主要依赖日本学者考订汉语名称，现在随着新的词汇越来越多，日本学者不再以考订汉语名称为重。最初杜亚泉只是想编一本中日植物学名词的对照表，后来发现解决不了实际问题，便改变原来的计划，着手编纂本辞典。编写《植物学大辞典》的 13 人中，只有黄以仁是大学毕业且专攻植物学的，而且他还另有其他的工作任务，并非专门做编辑辞典这么一件事。当时西方的植物学知识刚刚传到国内，依据西方原著翻译和日本译本转译过来的版本各不一样，甚至连专有名词和附图都多有互相抵牾者，那么编写这么一部卷帙浩繁的大型工具书，其工作量之大、搜求鉴别之难，在当时的条件下，是可想而知的。

《植物学大辞典》全书共有 1700 多页，收条目 8900 多条，插图 1000 多幅，附西文索引 5800 多条，日文假名索引 4100 多条，共计 300 多万字。书后，还附有四角号码索引。

《植物学大辞典》出版的意义是很深远的。首先，它的出版开商务印书馆编写专门类工具书之先河，后面动物学、地质矿物学、地

---

① 孔庆莱等：《植物学大辞典》序二，商务印书馆 1918 年版。
② 孔庆莱等：《植物学大辞典》序三，商务印书馆 1918 年版。

名、人名类等专门辞典陆续出版。其次，《植物学大辞典》收纳的词条在当时看来是相当多的，一般的研究者足以使用。甫一出版，它便成为当时各学校广泛使用的工具书。再次，它不仅列出了植物的普通名，在普通名之后，还有植物的别名以及西文与日文假名，可供对照鉴别比较。最后，对植物的解释，既有西方近现代植物学的内容，还有来自中国古籍如《本草纲目》等的内容，做到了古为今用，洋为中用。以"丁香"条目为例，在"丁香"的通用名之后列出了西文和日文假名，其注释为：

> 桃金娘科，产于热带地方，常绿木本，高至二十尺余。其叶对生，长椭圆形而尖，全边。花常数花聚生，花瓣淡红色。此植物之花芽，为芳香性之调味药。又将花芽蒸馏之，制挥发油，谓之丁香油，用以治齿痛，或有用此芳香，以附着于他物者。名见开宝本草。又有"丁子香""鸡舌香"等名。陈藏器曰：鸡舌香与丁香同种，花实丛生，其中心最大者为鸡舌。击破，有顺理而解为两向，如鸡舌，故名，乃是母丁香也，日本名"丁子"。

在这个条目的注释中，既有依据西方植物学术语对"丁香"属科种类特性的解释，如"桃金娘科，木本，对生"等，又引用唐朝中药学家陈藏器的话解释了"鸡舌香"的由来，而且附有丁香的别名，可谓言简意丰，通俗易懂。正是这样一种科学的编写方式，使得《植物学大辞典》结束了我国农作物、中药及其他植物在近代西方植物学知识传入后因依据西文、日文假名等不同译名而产生的混乱记载，大致明确了植物的归类，使得读者和研究者不再"乞灵于外籍"，功莫大焉。

　　杜亚泉作为商务印书馆早期的创业三杰（陆尔奎、高梦旦、杜亚泉）之一，为商务印书馆早期的发展做出过杰出的贡献；而商务印书馆也为他个人事业的发展提供了平台。他在商务印书馆的前15年，是他事业最辉煌的15年。他不仅编写或者组织编写了商务早期大部分的理科教科书，改革《东方杂志》使之走入发展的快车道，尝试编写专业类工具书，更重要的是，他为商务的发展培养了大量人才。理化部的"绍兴帮"大多是杜亚泉介绍入馆的，多成为商务印书馆的精兵强将。像杜山佳、杜山次、杜就田、杜其堡、寿孝天、骆师曾等都为商务印书馆立下过汗马功劳，更不用说章锡琛、胡愈之这样的文化、出版大家。章锡琛后来因为《妇女杂志》一事被商务印书馆辞退，而向商务当局提出辞退章锡琛的，正是他在商务和《东方杂志》的引路人杜亚泉。对于此段公案，章锡琛曾有明确表述。但是，他并没有因此记恨杜亚泉，杜亚泉去世后他还专门撰写了纪念文章。商务印书馆可能有这样的企业文化——公私分明。张元济和高凤池在工作中形同水火，但是私交却很好；高梦旦和郑振铎是翁婿关系，劳资纠纷中却一个代表资方一个代表劳方坐在桌子对面进行谈判。也正是因为商务这种氛围，使它网罗了一大批人才，成为当时的文化重镇。

杜亚泉（1873—1933）

《亚泉杂志》

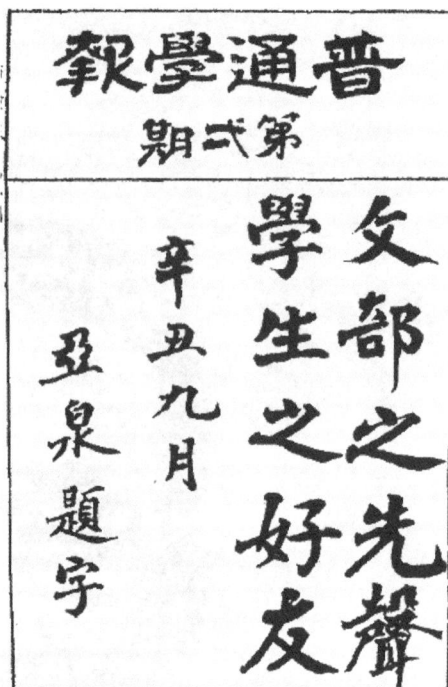

《普通学报》

蔡元培、张元济、杜亚泉在上海合办的《外交报》

繪圖文學初階
卷一

初等小學堂用
光緒三十年歲次甲辰
繪圖文學初階 卷一
上海 商務印書館第六次刊印

光緒三十年五月六版
（定價每本洋一角）
書經存案 翻印必究
文學初階 版權
總發行所
譯輯者 山陰杜亞泉
發行者 商務印書館
印刷所 商務印書館
總發行所 商務印書館
商務印書館印行

文學初階卷一

第一課
大小牛羊
大牛 小羊
小牛 大羊
法問
白黃頭尾
第二課
商務印書館印行

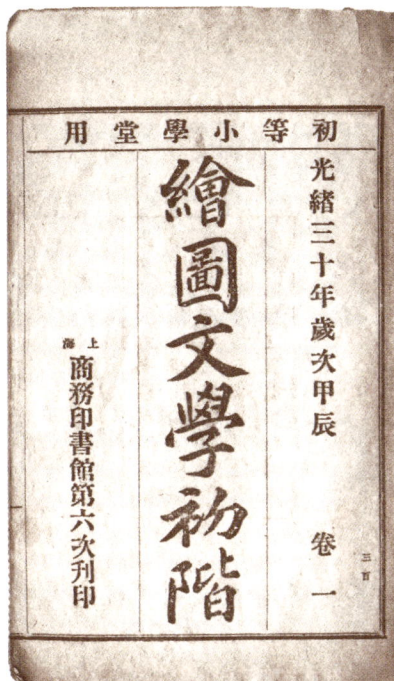

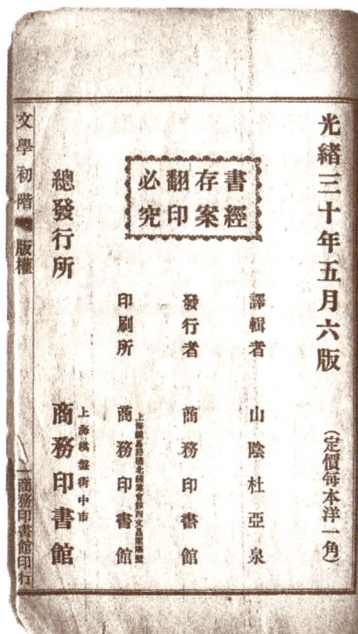

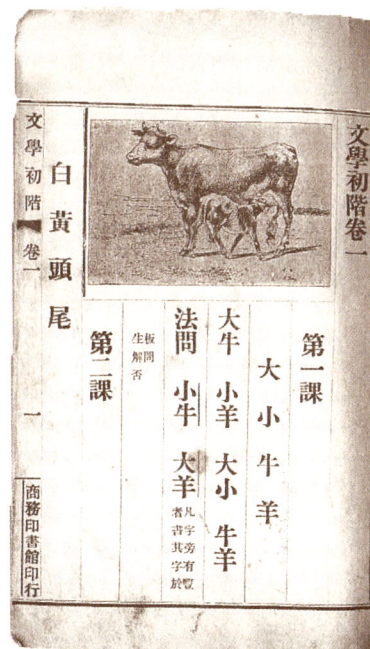

《文学初阶》卷一封扉、版权页与第一课课文

《东方杂志》封面

《共和国教科书·新理科》封面

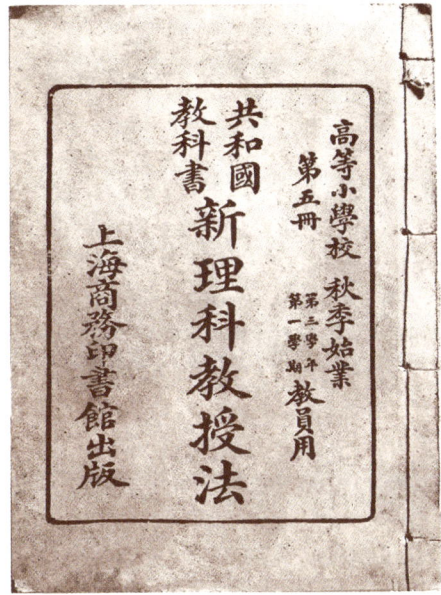

《共和国教科书·新理科教授法》封面

《新学制初级中学教科书·自然科学》封面

植物學大辭典

館書印務商

此書有著作權翻印必究

編輯者
（以筆畫多少為序）

孔慶萊　吳德亮　李祥麟　杜亞泉　杜就田　周越然　周學熙　陳學郢　莫叔昂　許家仁　黃以仁　凌昌煥　嚴保誠

發行者　商務印書館
印刷所　商務印書館
總發行所　商務印書館
分售處　商務印書館分館

中華民國十七年二月初版

《植物學大辭典一冊》
（每冊定價大洋捌元）
（外埠的加運費匯費）

《植物学大辞典》书封与版权页

丁香 Jambosa Caryophyllus, Ndz. チャウジ。

桃金孃科産於熱帶地方常綠木本高至二十尺餘葉對生長橢圓形而尖全邊花常數花聚生花瓣淡紅色此植物之花芽爲芳香性之關味藥又謂之丁香將花芽蒸餾之製揮發油用以治齒痛或有用此芳香以附着於

他物者見開寶本草又有「丁子香」「雞舌香」等名。陳藏器曰雞舌香與丁香同種花實叢生其中心最大者爲雞舌破有順理而解爲兩向如雞舌故名乃是母丁香也日本名「丁子」

丁香

《植物学大辞典》词条

《动物学大辞典》封面与版权页

《动物学大辞典》知识框架图

髓神義主會社

東方文庫第二十六種

東方雜誌社編印
商務印書館發行

戰爭哲學

東方文庫第四十二種

東方雜誌社編印
商務印書館發行

處世哲學

東方文庫第四十三種

東方雜誌社編印
商務印書館發行

杜亚泉译作《社会主义神髓》、《战争哲学》、《处世哲学》封面

第四章

东西论战闻楚歌

　　1920 年初，《东方杂志》突然换帅，杜亚泉被撤换，接替杜亚泉的是陶葆霖（陶惺存）。诚如胡愈之所言，《东方杂志》是在杜亚泉的怀抱中抚育长大的。没有杜亚泉大刀阔斧的改革，《东方杂志》可能早就在民国初年浩如烟海的期刊中湮灭无踪了。那为什么要撤换杜亚泉呢？这要从新文化运动之初那一场影响深远的东西方文化论战说起。

　　20 世纪的第一个十年，国际国内形势波谲云诡，复杂无比。从国内看，辛亥革命虽然已经推翻了积数千年之沉疴的封建帝制，但是并没有改变中国半殖民地半封建社会的事实。接着，袁世凯篡夺了辛亥革命的胜利果实，所签订的臭名昭著的"二十一条"使中国人民蒙受了更屈辱、更深重的灾难。虽然袁世凯复辟的梦想很快就被击碎，但中国也因此陷入军阀统治的局面。国际上，第一次世界大战爆发，30多个国家、15亿人口卷入战争，伤亡人员达3000多万，造成了严重的经济损失。而十月革命的胜利，第一个社会主义国家的建立，开创了人类历史的新纪元，又给黑暗中的中国人民带来了曙光。在这种痛苦、挣扎，但是又仿佛能看到希望、亟待寻求解决之道的境况下，向西方的学习，终于从开始的器物、技艺、政法制度深入到思想文化了。那一代的知识分子，对待西方文化，各有其态度，甚至泾渭分明，自此，东西方文化论战便开始了。杜亚泉和陈独秀的论战，掀起了这场论战的第一次高潮。论战的主要阵地，则是各自主编的期刊。

一、论战始末

杜亚泉和陈独秀的东西方文化论战，在1915年，便已初现端倪。1915年，陈独秀在上海创立《青年杂志》（后改名为《新青年》），自此，陈独秀逐渐迈向中国近代历史的中心舞台。前文说过，近代知识分子转型以后，热衷于传媒是他们获得话语权、确认知识分子身份的重要途径之一。陈独秀先后和章士钊等人合办过《国民日日报》、《安徽俗话报》、《甲寅》等报刊，1915年6月他从日本回到上海，住在法租界，9月，即创办了《青年杂志》这份后来影响深远的月刊。陈独秀不仅性格刚直，他的文章也是斩钉截铁，果敢坚决。在创刊号上，陈独秀就发表了《敬告青年》、《法兰西人与近世文明》、《东西民族根本思想之差异》三篇文章，大力倡导自主、进步、进取、实利、科学等主张，力主将"爱平和尚安息雍容文雅之劣等东洋民族"的民族性从中国革除，用个人本位主义来替代家族本位主义。旌旗所指，直击中国传统文化尤其是封建道德，倡导西方文化特别是民主与科学，认为中国传统文化乃是"古代文明"，西方文化才是"近世文明"的代表，中国传统文化与西方文化水火不容，冰炭难以同炉。陈独秀主张把1915年以前的一切都"以古代史目之"，除旧布新。陈独秀的这种激进态度，引起了持稳健态度的以杜亚泉为代表的所谓"《东方杂志》派"的不满。杜亚泉的文化思想和陈独秀等是有很大差异的，是中国传统文化的基本价值与中心观念在近代受到西方思潮冲击之后，逐渐调整、变化、转型而成的代表性文化思想之一。虽然，杜亚泉因其自身的努力，广泛接触和吸收西方的社会文化和自然科学，但其骨子里，仍然深受儒家传统文化的影响。杜牧说："丸之走盘，横斜圆直，计于临时，不可尽知。其必可知者，是知丸之不能出于盘也。"① 无论杜亚泉在出版实践方面有多么"出位"，其思想并没有脱开儒家传统文化的牵绊。杜亚泉先后发表了《再论新旧思想之冲突》、《静的文明与动的文明》、《战后东西文明之调和》等文章，明确提出，所谓新旧，不过是程度问题，程度虽然不一样，但还是沿着同一方向前进的，有过之者，有不及者，都不是正与负的差异。他还比较含蓄地说，"知识明敏情感冷淡"者，表面看起来不能轻易抛弃旧习惯，好像是守旧者，实际上是比较慎重而已，是真正革新的中坚，可以谓之"稳健派"。这其实说的就是他自己这个群体。可见，杜亚泉是反对把这批人当作守旧者的，他也确实和辜鸿铭、康有为、张勋有很大的区别。

---

① （唐）杜牧：《注孙子序》，《樊川文集》卷一〇。

　　1918 年，第一次世界大战接近尾声，同盟国败局已定，但这场非正义的世界大战已经造成了严重的后果。国内军阀统治依然黑暗，护法运动步履维艰。杜亚泉有感于此，在《东方杂志》第十五卷第四号发表了后来引起轩然大波的一篇文章《迷乱之现代人心》，直言"国是丧失"、"精神界破产"，导致政治界推崇强有力主义，教育界则讲求实用主义，这样下去中国是没有希望的，或将陷入迷乱之境地。作为声援，杜亚泉的同好也发表了一系列文章，阐述他们各自的思想，其中影响较大的是 6 月发表在《东方杂志》第十五卷第六号上的两篇文章，一篇是平佚的《中西文明之评判》，一篇是钱智修的《功利主义与学术》，平佚的文章是从日本杂志《东亚之光》上翻译而来的。

　　以《东方杂志》的影响力，陈独秀理所当然会注意到这些文章。正如胡适所评价的那样，陈独秀是一个"终身反对派"，性格极其鲜明，眼睛里揉不得半点沙子。于是，这个新文化运动的领袖，举起他的如椽大笔，向杜亚泉等"开火"了。1918 年 9 月，陈独秀在《新青年》杂志第五卷第三号上发表《质问〈东方杂志〉记者——〈东方杂志〉与复辟问题》一文，正式拉开了这场论战的序幕。陈独秀旗帜鲜明，针对杜亚泉、平佚、钱智修的三篇文章，从观点到逻辑乃至字词，条分缕析，一一进行批驳，其果决、信心表露无遗。就像鲁迅先生说的那样，独秀先生在仓库外面竖一杆大旗，上面大书："内皆武器，来者小心！"门却是大大敞开着的，里面有几支枪，几把刀，一目了然。杜亚泉作为"《东方杂志》派"的代表人物，自然不会不有所回应。对方气势如虹，杜亚泉倒也没有马上针锋相对，而是过了三个月，才在《东方杂志》第十五卷第十二号上发表《答〈新青年〉杂志记者之质问》一文，对陈独秀进行了正面回应。但他的回应并没有表现出很强的说服力，除了批评陈独秀断章取义，没有弄清楚《东方杂志》记者本意之外，更多是从逻辑上进行反击，多处有"《新青年》记者可以逻辑之理审查之"之语，颇有些咬文嚼字的意味，有的论点显然是站不住脚的，如他说"中国晚周时代，及欧洲文艺复兴后之文明，分化虽盛，而失其统整，遂现混乱矛盾之象"，确实有点强辩的意思了。陈独秀的"质问"有 16 条，杜亚泉回应了 10 条，有的确实不好回复，只好以"记者不暇一一作答"应付之。

陈独秀不仅"胆子大，分解力透辟"，而且笔力雄健，他的文章有很多思其所思、言其所言的拥趸，其中包括很多重量级的人物。1919 年前后，陈独秀既要在北大担任文科学长，又要主编《新青年》，还要和李大钊创办《每周评论》，各种社会活动也应接不暇。在这么繁忙的情况下，他还是在 1919 年 2 月，于《新青年》第六卷第二号上发表了《再质问〈东方杂志〉记者》一文，逐条驳斥杜亚泉在《答〈新青年〉杂志记者之质问》中的回应，可见陈独秀对这场论战还是很重视的。这篇文章，首先从逻辑上抓漏洞，如"若征引他人之著作，以印证自己之主张，则非同志若何"，以此来把杜亚泉和辜鸿铭等划为同一阵线；其次是紧扣杜亚泉的论点中不够严密的地方进行反击，如就算像杜亚泉所言，晚周文明与汉魏唐宋时期文明，难以说清孰优孰劣，各具见解，不易论定，"即以汉魏唐宋而论，一切宗教思想文学美术，莫不带佛道二家之色彩"，并不是杜亚泉所说的儒家统一、定于一尊，这也是以子之矛攻子之盾。

对于陈独秀的第二番质问，或许是迫于时势压力，或许是其他方面我们不得而知的原因，杜亚泉选择了沉默，没有再回应。但他依然秉持他的调和论思想。1919 年 10 月，蒋梦麟在《时事新报》双十节纪念号上发表《新旧与调和》一文，通篇没有提杜亚泉的名字，但字里行间却是对杜亚泉调和论思想的批评。蒋梦麟作为杜威的高足，当时在国内也是风云人物，是北大的教育学教授、总务长，蔡元培外出时，总是委托他代理校长。同时，他还是商务印书馆《教育杂志》的编辑和《新教育》杂志的主编。他和陈独秀同在北大，虽然政治观点不太相同，关系倒是不错。他二人同杜亚泉一样，都是前清的秀才，陈独秀还曾因为蒋梦麟是"策论秀才"而调侃他没有自己的"八股文秀才"值钱。北大是五四新文化运动最重要的阵地，蒋梦麟的发声实际上还是激进改革派对稳健温和派的不满。他认为，新思想是一种态度，而"爱进化的人讲调和，是用差了方法，不爱进化的人讲调和，是自己没主张"[1]，并暗讽调和派未必是反对新思想，不过是怕多用脑子，怕麻烦，毕竟求新思想是很费脑力、很要有魄力的。最后他总结道："新旧既不是方法，又不是目的，所以不是两个学派。两个学派之中，能容调和派，新旧之间，是用不着调和派。"[2] 对于这种"用不着"的彻底否定，杜亚泉很快做出了反驳。1919 年 11 月，杜亚泉在《东方杂志》第十六卷第十一号上发表《何谓新思想》一文，矛头直指蒋梦麟所说的"新思想是一个态度"。他明确指出，态度不是思想，思想不是态度，非要把思想说成是态度，无异于指鹿为马。"态度呈露于外，思想活动于内。态度为心的表示，且常属于情的表示，思想为心的作用，且属于智的作用。二者乌能混而同之？"[3] 对原来的生活和

---

① 蒋梦麟：《新旧与调和》，《时事新报》1919 年 10 月 10 日。
② 蒋梦麟：《新旧与调和》，《时事新报》1919 年 10 月 10 日。
③ 杜亚泉：《何谓新思想》，《东方杂志》第十六卷第十一号，1919 年。

知识感到不满足、不愉快，这只不过是一种感情，感情不是思想；主张推倒旧习惯，改造生活，改造思想，这是一种意志，意志也不是思想。感情和意志，有可能是因为思想而引起的，但是就思想本身的范围而言，决不会附有一丁点感情和意志。这就摆明了，他完全反对所谓"新思想是一个态度"。

蒋梦麟在看到杜亚泉的文章后，进一步为自己"何谓新思想"的观点进行辩解，在《时事新报》上以与杜亚泉文同样的名称发表文章，这篇文章后来被《东方杂志》第十七卷第二号转载，并附上了杜亚泉的按语。蒋梦麟辩称"新思想是一个态度"，意思是说新思想是指一个态度而言，并不是说思想等于态度，态度等于思想。如果一个人的态度是向进化的方向走的，抱这种态度的人的思想是新思想。并援引胡适的话，说胡适也称"新思潮的根本意义只是一种态度"。胡适既然持这样的看法，这自然是找到了强有力的援军。蒋梦麟又说，杜亚泉对思想的解释，其实是发源于宋儒性理说的，并无多大新意；把思想看作不痛不痒的一种知识作用，这样就把"活泼泼"的感情和意志，都划出思想的范围以外了。活思想变成了死焦炭，便失去了其价值。他坚持认为"官觉、感情、意志、理性四者，在思想中各占一部分。官觉是脑和事物相通的路径，感情是脑对于事物的感应，意志是脑的所欲，理性是脑的推测和判断力，这四者合起来，方才成一完全的思想"，杜亚泉只认定理性这位大哥，把其他几位小弟弟都忘了，他是要为这帮小弟弟喊冤的。① 杜亚泉的按语，针对核心的观点差异——感情与意志等到底算不算思想，坚持自己的看法：感情和意志也许与

---

① 参见蒋梦麟：《何谓新思想》，《东方杂志》第十七卷第二号，1920 年。

思想有密切的关系，感情和意志可能是思想的因或者果，但如果要对思想进行概念的界定，则感情和意志肯定不能包括在内。从而，他认为蒋梦麟说感情和意志是思想的原动力的观点是站不住脚的，这样是将理性变成了情欲的奴隶。他还举例说：喜欢他人土地，要用武力来侵略之，就用国家主义、民族主义、竞争主义来说明；喜欢他人产业，要用资本来侵略他，就用亲善和平协助种种道理来说明。结果是一切哲学科学，都变成了武人和资本家的工具。他认为，见到一幅好图画，要爱它，学它，这是情欲的冲动；但是应当用理性来判断这幅图画到底好不好，当爱不当爱，当学不当学，然后再来决定态度。总之是要用理性来率领情欲。①

值得注意的是，杜亚泉此时应当已经从《东方杂志》去职，这也是目前能找到的杜亚泉在《东方杂志》上发表的最后一篇文章（虽然严格意义上，只是一个按语，并不能算一篇完整的文章），此后，杜亚泉再没有在《东方杂志》上发表过文章，哪怕是自然科学相关的文章。杜亚泉与《东方杂志》断裂，是彻底而决绝的。

杜亚泉和陈独秀的论战，发生在新文化运动之初。当时，西方启蒙思想已经得到进一步的传播，民主共和的思想深入人心。但是北洋军阀政府推行"尊孔复古"，尤有辜鸿铭等为之鼓吹。杜亚泉尽管本质上和辜鸿铭等并不是同一类人，但此时出来质疑新文化运动的主将，在所难免会被划入守旧分子的阵营。商务印书馆到底是一个企业，尽管是文化企业，张元济等也有很浓重的文化情怀，但毕竟，首先考虑的是不能影响到自身的生存和发展。商务印书馆对政

---

① 参见杜亚泉：《对蒋梦麟〈何谓新思想〉一文的附志》（标题是后人所加），《东方杂志》第十七卷第二号，1920 年。

治是保持着一种若即若离的态度的，既不能出世，又不能太靠近，否则在那样一种环境下极易引火烧身。当各方面的批评蜂拥而至，特别是陈独秀的几篇檄文，旌旗所指，势莫能当，商务印书馆的高层不能不考虑这个问题。尽管张元济等和杜亚泉私交甚笃，杜亚泉也是商务印书馆的元老，抛开教科书的出版不谈，即便是对《东方杂志》，杜亚泉也可以称得上有再造之功，但在那种情势下，壮士断腕，却也是不得已而为之。

期刊的主编对期刊的影响是最大的，甚至就是期刊的核心竞争力所在，所以撤换杜亚泉要考虑方方面面的问题，前后差不多有大半年的缓冲期。杜亚泉和陈独秀甫一开战，商务高层目睹这场论战带来的影响后，估计就已经动了撤换杜亚泉的念头。1919年5月，张元济和高梦旦、陶惺存已经商议好由陶惺存来接替杜亚泉："与梦、惺商定，请惺翁接管《东方杂志》，一面登征文。"①

7月，北大著名学生领袖罗家伦在自己创办的《新潮》上发表《今日中国之杂志界》，批评一些杂志是"杂乱派"，"毫无主张，毫无选择，只要是稿子就登。一期之中，上至天文，下至地理，古今中外，诸子百家，无一不有"。最可以做代表的"杂乱派"期刊他认为就是《东方杂志》，"你说他旧吗，他又像新，你说他新吗，他实在不配"，因此，这种杂志"人人可看等于一人不看，无所不包等于一无所包"。旋即，陶惺存以"景藏"为笔名，在《东方杂志》第十六卷第七号上发表了《今后杂志界之职务》作为回应，他认为，杂志的"杂"字，有广义和狭义之分，广义的杂志包括一切学术，狭义的杂志虽然是在

---

① 张人凤整理：《张元济日记》（下），河北教育出版社2001年版，第778页。

一科之中，但这科学术中的各种学说无不具备，并声明《东方杂志》
就属于广义的杂志，而《新青年》则是以宗旨为其范围的。不过陶惺
存在这篇文章里也说了，"盖存古之论，国粹之说，纵不能完全消灭，
亦当让特种人任意主张之，杂志界当深明分工之理，而不必兼顾也。"
意思是《东方杂志》不应该成为"存古之论，国粹之说"的阵地，这
当然也隐含着对杜亚泉的批评。

其实，从 1919 年下半年张元济决定撤换杜亚泉之后，关于《东
方杂志》的具体事务，他已经开始和陶惺存而不是杜亚泉商议了。这
在张元济的日记中有明白的记录。10 月 27 日，"惺存函商《东方杂志》
办法，自己非不可兼，但不能兼做论说。先拟两法：一招徕投稿，二
改为一月两期。余意，一月两期既费期，又太束缚，以不改为是"①，
这时候已经开始探讨改版的事情了。第二天，"与惺翁、伯训商定数
事"，其一便是"请亚泉去管理化部事，《东方》由惺存担任"，"亚泉
事由余与谈"。②10 月 30 日，"惺翁来信，辞庶务部，担任《东方杂
志》事"③，此时陶惺存已经做好了接替杜亚泉的准备。陶惺存还是坚
持自己的意见，希望能够一月两期，把《东方杂志》从月刊改为半
月刊。11 月 5 日，"访惺、伯二公，谈《东方》仍用每月一期。惺意
似不悦"④。11 月 17 日，"惺翁交钱经宇《东方杂志》改编意见，阅过
交伯训转还"⑤。不知张元济最后为何做出让步，1920 年，《东方杂志》
还是改为半月刊出版。涉及《东方杂志》的具体事务，再也不见杜亚

① 张人凤整理：《张元济日记》(下)，河北教育出版社 2001 年版，第 891 页。
② 张人凤整理：《张元济日记》(下)，河北教育出版社 2001 年版，第 891 页。
③ 张人凤整理：《张元济日记》(下)，河北教育出版社 2001 年版，第 893 页。
④ 张人凤整理：《张元济日记》(下)，河北教育出版社 2001 年版，第 897 页。
⑤ 张人凤整理：《张元济日记》(下)，河北教育出版社 2001 年版，第 899 页。

泉的踪迹。

1919 年 12 月，陶惺存在《东方杂志》第十六卷第十二号上发表《我之新思想观》，署名"景藏"。文章称，"新旧思想决非时间问题，然则新思想究当作何解说耶？此则梦麟君之言最为透彻矣"，"新旧之不两立，无调和之方法，无调停之余地，可断言也"，"其他如君臣之义、主仆之名分等，更无讨论之价值。今日之主张渐进作调和之说者，其殆近乎庸医之见也"。① 这篇文章的指向性非常明确，既是对各方指责《东方杂志》的妥协，又是对杜亚泉调和论的批评。把杜亚泉的调和论视为"庸医之见"，杜亚泉心里应该是很憋屈的，他一心想探寻文化救国的出路，而他与蔡元培、张元济本来就属于温和派，但最后落得个这样的结局，连商务的同人都批评他，自己赖以安身立命的大本营原来也并非牢不可破，内心之伤感郁闷，可想而知。12 月 7 日，张元济设家宴，约陶惺存、高梦旦、杜亚泉等好友在家中小聚，杜亚泉没有赴约。是不是因为《东方杂志》一事，未可得知。

商务印书馆迫于社会的压力，不仅撤换了杜亚泉的《东方杂志》主编职务，还可能对其进行了书面诫勉。张元济 1920 年 1 月 3 日的日记记载："亚泉为戒约事来函辞职。与梦翁商，将其所争之惩罚字样易去，仍旧挽留。由梦翁先行往访。9/1/4② 梦言已见之矣，且将前事说妥。渠意身体不佳，拟减事减薪。"③ 这个书面的"戒约"最初是有"惩罚"字样的，杜亚泉断然难以接受，于是索性写信给商务印书

---

① 景藏：《我之新思想观》，《东方杂志》第十六卷第十二号，1919 年。
② 民国九年一月四日。
③ 张人凤整理：《张元济日记》（下），河北教育出版社 2001 年版，第 929 页。

馆辞职。杜亚泉对于商务印书馆自然科学方面图书出版的意义毋庸多言，商务肯定会竭力挽留。其实这个戒约和现在的诫勉可能差不多，去掉"惩罚"字样无关大局，对杜亚泉却是一个安抚。高梦旦亲自拜访，顾念旧情，杜亚泉也就答应留下来，当然还是表明了态度——本人身体不好，准备少做点事，哪怕你少给点薪水都行。笔者认为这也是一种不满情绪的表达。

1920年开始，陶惺存正式接替杜亚泉，担任《东方杂志》主编。有意思的是，陶惺存就是原两广总督陶模的儿子。陶模是很赏识杜亚泉的，曾经命令部下购买阅读《亚泉杂志》，谁也没有想到，他的儿子居然接替了杜亚泉成为著名的《东方杂志》的主编。但是天不假年，陶惺存接手《东方杂志》不久即病逝，年仅50岁。钱智修接任主编，《东方杂志》于是进入钱智修时代。

杜亚泉去职后，这场东西方文化论战并没有停歇，反而引起了更多人的思考，一大批素有名望的知识分子卷进来，各派各系纷纷加入论战，代表人物有胡适、李大钊、吴稚晖、瞿秋白、章士钊、梁漱溟、张君劢、张东荪等。英国哲学家罗素和印度诗人泰戈尔访华后，更是掀起了讨论东西方文化的热潮。

二、论战焦点

东西方文化论战刚开始是以陈、杜二人为主将的，这二位主将也可以代表"《新青年》派"和"东方文化派"的基本主张。二人的文章有许多意气之争和过激的话语，抛开这些不谈，他们的主要分歧或者说论争的焦点主要集中在以下几个问题。

（一）东西文化孰优孰劣

对于东西文化孰优孰劣，陈、杜双方泾渭分明。陈独秀把中西文化之别归结为"古今旧新"之别。中国传统文化与古代社会生活相适应，代表旧的、落伍的文化；西方文化与近世社会生活相适应，代表新的、先进的文化。他所本的是"宗教—玄学—科学"三阶段的文明进化图式，认为现代社会最终必将以科学来替代宗教和玄学，因此，西方的文化必将以其科学性成为先进文化。杜亚泉则坚持认为中西文化乃性质之异，非程度之差。

> 文明者，社会之生产物也。社会之发生文明，犹土地之发生草木，其草木之种类，常随土地之性质而别。西洋文明与吾国文明之差异，即由于西洋社会与吾国社会之差异。至两社会差异之由来，则由于社会成立之历史不同。①

文化的差异由历史的、社会的因素所决定。西洋社会为动的社会，产生动的文明；我国社会为静的社会，产生静的文明。就两种文明产生的效果而言，很难说孰优孰劣。

> 动的社会，其个人富于冒险进取之性质，常向各方面吸收生

---

① 杜亚泉：《静的文明与动的文明》，《东方杂志》第十三卷第十号，1916 年。

产，故其生活日益丰裕；静的社会，专注意于自己内部之节约，而不向外部发展，故其生活日益贫啬。盖省心忙碌者，以生活之丰裕酬之，而生活贫啬者，以身心之安闲偿之。以个人幸福论，丰裕与安闲，孰优孰劣，殊未易定。①

这种把文化按类来划分的观点甚至得到李大钊的赞同和沿用，李大钊在1918年发表的文章《东西文明根本之异点》中也说："东洋文明主静，西洋文明主动。"但杜亚泉固然承认东西文化各有优长，而他对中国传统文化的偏爱，也是显而易见的。他说："而吾国固有之文明，正足以救西洋文明之弊，济西洋文明之穷者。"②可见，他骨子里还是觉得中国传统文化要优于西方文化。他还说："则凡社会之中，不可不以静为基础。必有多数之静者，乃能发生少数之动者。"③既然他认为中国传统文化属于静的性质，那他对传统文化的激赏，不言自明。不管那些批评他的人说他是"中体西用"的翻版也好，说他是文化保守主义也好，总之他的这种倾向是存在的，毋庸讳言。

陈、杜二人对东西文化优劣的判断都是片面的。任何一种文化，既具有民族性，也具有时代性。陈独秀以文化的时代性来评述文化的优劣，实际上否认了文化的发生发展乃受民族、地理环境等各方面的影响；杜亚泉固然提出了文化有类别之殊，但却忽略了传统文化应该随时代变迁而发展，它在某一时刻的优劣必须以是否适应当时时代的需求而判定。

---

① 杜亚泉：《静的文明与动的文明》，《东方杂志》第十三卷第十号，1916年。
② 杜亚泉：《静的文明与动的文明》，《东方杂志》第十三卷第十号，1916年。
③ 杜亚泉：《静的文明与动的文明》，《东方杂志》第十三卷第十号，1916年。

（二）对传统的取舍

在对东西文化优劣各有其判断之后，对传统的取舍便成了一个问题。陈独秀作为新文化运动的主将，是彻底的反传统主义者。由于中国传统文化和儒家传统文化的不可分割性，他的矛头所指，便聚焦在以孔子为代表的儒家传统上。他认为，孔子之道，与现代生活格格不入，缘其没有随时代而进化，落伍于时代了。他说："孔子生长封建时代，所提倡之道德，封建时代之道德也；所垂示之礼教，即生活状态，封建时代之礼教，封建时代之生活状态也。"[1]"所以若说道德是旧的好，是中国固有的好，简直是梦话。"[2] 杜亚泉则认为，"国是"之丧失，是国家致亡之理由。这个"国是"，自然是中国的传统文化。他说："故我国之有国是，乃经无数先民之经营缔造而成，此实先民精神上之产物，为吾国文化之结晶体。吾国所以致同文同伦之盛，而为东洋文明中心者，盖由于此。"[3] 显而易见，他不仅认为中国传统文化有可取之处，还对之充满了自豪感和优越感。谈及中国传统文化，最不能回避的便是伦理道德。杜亚泉说：

> 吾人在西洋学说尚未输入之时，读圣贤之书，审事物之理，出而论世，则君道若何，臣节若何，仁暴贤奸，了如指掌；退而修己，则所以处伦常者如何，所以励品学者如何，亦若有规矩之

---

[1]　陈独秀：《独秀文存》，安徽人民出版社 1988 年版，第 85 页。

[2]　陈独秀：《调和论与旧道德》，《新青年》第七卷第一号，1919 年。

[3]　杜亚泉：《迷乱之现代人心》，《东方杂志》第十五卷第四号，1918 年。

可循。虽论事者有经常权变之殊，讲学者有门户异同之辨，而关于名教纲常诸大端，则吾人所以为是者，国人亦皆以为是，虽有智者，不能以为非也，虽有强者，不敢以为非也。①

他的这番话让陈独秀反感，陈独秀驳斥道：

伧父君所谓我国固有之文明与国基，如此如此。请问此种文明此种国基，倘忧其丧失忧其破产，而力图保存之，则共和政体之下，所谓君道臣节名教纲常，当作何解？谓之迷乱，谓之谋叛共和民国，不亦宜乎？②

这是非常严厉的指责了，甚至把杜亚泉的言论与复辟谋反联系在一起。当然在那个时代背景下，杜亚泉重提名教纲常、君道臣节确实容易落人口实。可杜亚泉非常坚持自己的观点，他回应道：

至原文所谓"君道臣节及名教纲常诸大端"，记者确认为我国固有文明之基础。《新青年》记者谓共和政体之下，君道臣节名教纲常作何解，谓之叛逆，谓之谋叛共和民国，谓之谋叛国宪之罪犯。记者以为共和政体，绝非与固有文明不相容者。③

---

① 杜亚泉：《迷乱之现代人心》，《东方杂志》第十五卷第四号，1918 年。
② 陈独秀：《质问〈东方杂志〉记者——〈东方杂志〉与复辟问题》，《新青年》第五卷第三号，1918 年。
③ 杜亚泉：《答〈新青年〉杂志记者之质问》，《东方杂志》第十五卷第十二号，1918 年。

杜亚泉之所以这么坚持，是有其内在的深刻原因的。在中国，无论是儒家的"道"还是道家的"道"，都有超拔现实之处，都具有终极关怀的意义。子曰："道不远人，人之为道而远人，不可以为道。"道又和人相当贴近，它绝不是遥不可及的。修齐治平，从个人而家庭而宗族而国家而天下，这是延续数千年的路径。基于血缘关系建立的宗法制传统社会，伦理纲常无疑是高出一切的道德准则。而所谓"道"，对于个人自身来说，就是个人道德修养的臻于完善，即儒家所谓"内圣"，这个道德修养，自然表现在遵守社会规范赖以形成的伦理纲常。某种意义上，由遵守伦理纲常而实现个人道德修养的完满而达道，是具有中国传统文化认同性象征意义的，也是中国传统文化的超越性终极关怀。陈独秀深受孔德实证主义进化论的影响，断言只有德先生和赛先生可以救中国。要拥护德先生，便不得不反对孔教、礼法、贞节、旧伦理、旧政治；要拥护赛先生，便不得不反对旧艺术、旧宗教。要拥护德先生，又要拥护赛先生，便不得不反对国粹和旧文学。"民主"和"科学"这两杆大旗在当时太醒目了，旌旗所指，响者云从，因为旧中国最缺乏的，确实是民主和科学。但是，有一个事实被忽略了，就是西方社会历来有宗教作为人的精神寄托，并没有因为现代化而摒弃宗教的作用。陈独秀所引进的科学，显然更偏重知识层面而缺少人文关怀；他所说的民主，也大多属于制度层面或者观念层面，不能取代中国传统的精神依归。

从另外一个角度讲，所谓君道臣节名教纲常的伦理道德，是否完全就是我们世俗意义上所理解的封建伦理道德，是否应将它们视为纯粹的糟粕，也是值得讨论的。王元化先生曾以梁漱溟《东西文化及其哲学》中的一段话来进行说明："孔子的伦理，实寓有所谓挈矩之道在内，父慈、子孝、兄友、弟恭，总使两方面调和而相济，并不是专压迫一方面的。"①意谓孔子的伦理纲常强调的是每个人都对他人负有自己的情感责任，并不是单向度的，而是双向互动的。在这样一种和谐尚情的氛围内形成的伦理纲常，才是中国传统文化延续数千年的根底。儒家常说温故而知新，只有真正理解了孔子思想的要义，才能理解我国传统文化的精髓。杜亚泉并非是食古不化之人，他说："汉高欲复封建之制，而张良力阻，王莽欲行井田之法，而身败名裂，殷鉴不远，可不慎乎？设使今日之俄国，欲复彼得以前之旧法，今日之日本，欲行明治以前之藩制，则世皆知其不能、识其不可矣。"②他只是反对把历史、把传统生硬地、人为地与现实割裂，"有开进而无保守，使新旧之间接续，截然中断，则国家之基础，必为之动摇"③。

当然，杜亚泉的观点，有些是明显站不住脚的，如他说："民视民听，民贵君轻，伊古以来之政治原理，本以民主主义为基础。政体虽改，而政治原理不变。"④民视民听、民贵君轻与现代民主主义，具有本质上的区别，如此牵强附会，确实太过生硬，也容易授人以柄。

任何一种传统文化，和其他类别的文化相比较，除了具有文化本身的共同点，更具有自身的特殊性。它的延续，有其客观的原因。它的现代化转型，只能依靠内部循序渐进由量变而质变进行，若想

---

① 王元化：《杜亚泉与东西文化问题论战》，载许纪霖、田建业编：《杜亚泉文存》，上海教育出版社 2003 年版，"代序"第 18 页。
② 杜亚泉：《接续主义》，《东方杂志》第十一卷第一号，1914 年。
③ 杜亚泉：《接续主义》，《东方杂志》第十一卷第一号，1914 年。
④ 杜亚泉：《答〈新青年〉杂志记者之质问》，《东方杂志》第十五卷第十二号，1918 年。

"毕其功于一役"，恐怕只能是抽刀断水。特别是中国，在失去传统文化对精神的滋养后，抑或真有可能堕入杜亚泉所谓"精神破产"之境。"譬有一人，其始以祖宗之产业，易他人之证券，继而所持证券忽失其价值，而祖宗之产业已不能回复矣。"① 在这一点上，即便杜亚泉的观点并非那么受人欢迎或者并不那么正确，却依然是非常值得重视的。

（三）东西文化是否可以调和

在争论了东西文化孰优孰劣和对传统的取舍之后，要疗救当时中国社会的种种弊端，自然要寻求一个解决之道，这就涉及东西文化是否可以调和，如果可以，应该怎样调和的问题。

陈独秀对东西文化的调和持最坚决的反对态度，他说，"无论政治学术道德文章，西洋的法子和中国的法子，绝对是两样，断断不可调和迁就的"，"因为新旧两种法子，好像水火冰炭，断然不能相容；要想两样并行，必至弄得非牛非马，一样不成"。② 他虽然承认新旧调和递变，没有明显的界线可以划分，属于人类思想文化史上的自然现象，但认为这是不幸的现象，是人类惰性的作用。"譬如货物买卖，讨价十元，还价三元，最后的结果是五元；讨价若是五元，最后的结果不过二元五角；社会进化上的惰性作用，也是如此，改新的主张十分，社会惰性当初只能够承认三分，最后自然的结果是五分；若是照调和论者的意见，自始就主张五分，最后自然的结果只有二分五，如

---

① 杜亚泉：《接续主义》，《东方杂志》第十一卷第一号，1914 年。
② 陈独秀：《今日中国之政治问题》，《新青年》第五卷第一号，1918 年。

此社会进化上所受二分五的损失，岂不是调和论的罪恶吗?"① 取法乎上，得乎其中；取法乎中，恐怕只能得乎其下。陈独秀正是从这一点出发，把社会进步所以迟缓，所以达不到预期的效果，归咎于调和论者对革故鼎新态度的不坚决。

杜亚泉则与陈独秀意见相左。他既然认为中西文化乃性质不同，而非程度之别，各有其优长，自然就主张中西文化的调和了。中西文化虽然发源地不同，成长发展的环境各异，但"至于今日，两社会之交通，日益繁盛，两文明互相接近，故抱合调和，为势所必至"②。中西文化的调和在客观上已经存在可能性，在发展方向上又存在必然性。杜亚泉把文明按照与人类生活的关系分为经济的和道德的两类。在经济上，西方因科学技术的发达，发展经济的手段显然比中国先进，但杜亚泉认为手段的先进并不必然导致结果的理想。西方的经济是以满足人的生活欲望为目的，有些欲望是明显超出基本的生活需求的；而中国的经济是以满足人的基本生活需求为目的，"既富加教"才是文化或者说文明的理想目的。如此看来，把中国传统文化中的经济目的与西方近现代科学技术的经济手段结合在一起，才能实现所谓的"既富加教"。在道德上，杜亚泉认为西方文明乃由希腊文明和希伯来文明演变而来，"希伯来思想崇灵魂，敬上帝，务克己，持博爱主义；希腊思想，重现实，喜自然，尚智术，持爱国主义"③。中世纪以后，两种思想互相冲突，互相交融。中国的道德思想近于希腊，但"戒谨恐惧之心，与修身事帝之念，则又与希伯来思想，若何符

---

① 陈独秀：《调和论与旧道德》，《新青年》第七卷第一号，1919 年。
② 杜亚泉：《静的文明与动的文明》，《东方杂志》第十三卷第十号，1916 年。
③ 杜亚泉：《战后东西文明之调和》，《东方杂志》第十四卷第四号，1917 年。

节"①。既然西方文明由两种文明调和交融发展而来，而中国文明和这两种文明都有隐然相合的因素，那么中西文明自然也可以互相调和，以取彼此之长，救各自之弊了。

陈、杜二人虽各执一端，不过是否持调和论并不是划分思想派系的标准。同为《新青年》同人的李大钊，就将东西文明比喻成世界进步的二大机轴，如车之两轮、鸟之双翼，缺一不可，这两大文明自身须时时调和，时时融合，以创造新生命而演进于无疆。当时强调两种文化有共性的，也有不主张调和论的，如吴宓。论战各方成分混杂，思想繁芜，殊不易辨。

一战后，西方文化"暴其破绽"，西方很多学者如白璧德、罗素等都开始反思和批判"西方中心论"。受欧战影响，杜亚泉也对西方文化的弊端进行思考，提出了以中国固有传统文化为根基，以西洋文化为补充的统整论。他虽然赞同进化论，但是认为进化的规范，既有分化的发展，也有统整的延续，西方现代思想，"其发展而失其统一，就分化言，可谓之进步，就统整言，则为退步无疑"②。西方文化正是因为缺乏统整，所以才呈现一种零碎芜杂的状态，令人无所适从。

> 然西洋在中古以前，宗教上之战争与虐杀，史不绝书，其纷杂而不能统一，自古已然。文艺复兴以后思想益复自由，持独到之见以风靡一时者，如卢骚、达尔文等，代有其人；而集众说之长，立群伦之鹄者，则绝少概见，因此，吾人得其一时一家之学说，信以为是，弃其向所以为是者而从之；继更得其一家一时之

---

① 杜亚泉：《战后东西文明之调和》，《东方杂志》第十四卷第四号，1917年。
② 杜亚泉：《迷乱之现代人心》，《东方杂志》第十五卷第四号，1918年。

学说，信以为是，复弃其适所以为是者而从之。卒之固有之是，既破弃无遗，而输入之是，则有恍焉忽焉而无所守。于是吾人之精神界中种种庞杂之思想，互相反拨，互相抵销，而无复有一物之存在。①

杜亚泉并不反对西方文化的输入，只不过他认为如果输入的都是不系统的、零散的断片，则"此等主义主张之输入，直与猩红热、梅毒等之输入无异"②，可见他对西方文化弊端的意见之深切。他说：

> 救济之道，正统整吾固有之文明，其本有系统则明了之，其间有错出者则修整之。一方面尽力输入西洋学说，使其融合于吾固有文明之中。西洋之断片的文明，如满地散钱，以吾固有文明为绳索，一以贯之。③

他视西方文明如满地散钱，要拾起来利用，必须用中国传统文化这根绳索来一以贯之。他对中国传统文化是充满信心的：

> 吾固有文明之特长，即在于统整，且经数千年之久未受若何之摧毁，已示世人以文明统整之可以成功。今后果能融合西洋思想以统整世界之文明，则非特吾人之自身得赖以救济，全世界之

---

① 杜亚泉：《迷乱之现代人心》，《东方杂志》第十五卷第四号，1918 年。
② 杜亚泉：《迷乱之现代人心》，《东方杂志》第十五卷第四号，1918 年。
③ 杜亚泉：《迷乱之现代人心》，《东方杂志》第十五卷第四号，1918 年。

救济亦在于是。①

　　陈独秀对杜亚泉的统整论当然不能同意，他质问杜亚泉道："我国除儒家之君道臣节名教纲常以外，是否绝无他种文明？"并进一步阐发，认为即便是统整也未必能免于思想混乱，更不能使文明进步，"除强以儒教统一外，吾国固有之文明是否免于混乱矛盾？以希望思想界统一故，独尊儒家而黜百学，是否发挥固有文明之道？"②杜亚泉对陈的质问除了坚持说"君道臣节名教纲常"是固有文明的基础，可以统整各种文明外，并未正面回答他的质问，而是以"各人各具见解，不易论定"轻轻带过。陈独秀在《再质问〈东方杂志〉记者》一文中，对杜亚泉的分化统整说进行了深度的分析和批判：

　　　　学术之发展，固有分析与综合二种方向，互嬗递变，以赴进化之途。此二种方向，前者多属于科学方面，后者属于哲学方面，皆得谓之进步，不得以孰为进步孰为退步也。此综合的发展，乃综合众学以成一家之言；与学术思想之统一，决非一物。③

他从学理上批驳了统整（综合）与学术思想统一（定于一尊）的区别。既然杜亚泉所说的分化，应该是异说争鸣的学风，而不是分析的发

---

　　①　杜亚泉：《迷乱之现代人心》，《东方杂志》第十五卷第四号，1918 年。
　　②　陈独秀：《质问〈东方杂志〉记者——〈东方杂志〉与复辟问题》，《新青年》第五卷第三号，1918 年。
　　③　陈独秀：《再质问〈东方杂志〉记者》，《新青年》第六卷第二号，1919 年。

展，杜亚泉所说的统整，应该是学术思想的统一，而不是综合的发展，分化与统整根本不同于分析与综合，那么分析与综合固然在学术上有相互促进的功效，但绝不能由此就把分化与统整的调剂相成作为进化的规范。陈独秀实际上驳斥了杜亚泉以儒家传统文化为根基，视其他文化为破碎之断片的论断，暗讽杜亚泉独尊儒术的复古倾向。陈独秀还进一步质问杜亚泉：既然你认为西洋文明不足为"吾人今日在迷途中之救济"，那你为何对译介西方自然科学技术孜孜不倦呢？杜亚泉没有再予以回应。

除以上三个问题外，陈、杜之争还包括其他许多问题。而且，这场东西方文化论战因有越来越多人的加入，所争论的问题也越来越广泛，我们不能一一列举。但这三个问题应该是陈、杜观点最有分歧的三个问题，而且后一个问题由前一个问题递进而来，最终引发了一场对东西方文化的深入论争。

三、论战影响

杜亚泉和陈独秀的东西方文化论战，揭开了新文化运动时期东西方文化论争的序幕。论战不时掀起新的高潮，不同阶段也有论战的不同重点。这场论战引起当时中国思想界的强烈震荡。

清末以降，随着西方列强的入侵，中国社会陷入了政治的、经济的、文化的深刻危机。在这种情况下，知识分子的忧患意识被前所未有地激发出来。怎样挽救民族于危亡，怎样维持国家的稳定有序、求得繁荣富强，成为那一代知识分子所思考的首要问题。

伴随西方列强坚船利炮而来的，还有各种纷繁芜杂的主义、思潮，西方学术文化似乎也散发出以前国人未曾注意的神奇的光辉。同时，西方列强也加强了对中国人民的精神奴役和文化说教，一部分西方学者开始渲染中国文化源于西方之说。而国内形势的变化，也使以往以儒家文化为根基的天下同一的文化观发生了动摇。这里面有两个深刻的原因，一是清末废止科举，使传统士人通过这个途径置身庙堂的可能性湮灭，打破了他们由个人修养而践行社会使命的牢不可破的联系，从而使他们的"外王"追求幻灭，进而对整个传统文化产生了以前从未有过的怀疑；二是清末的政治腐败，使得一部分传统士人对以儒家文化为基础建立起来的政治架构失去了信心，他们开始对传统文化进行价值重估，从怀疑政统，到对政统赖以建立的整个道统产生了重重疑虑。他们的理想与现实世界产生了严重的分裂，陷入一种无所适从、无法摆脱的痛苦之中。陈寅恪此言是矣："凡一种文化值衰落之时，为此文化所化之人必感苦痛，其表现此文化之程量愈宏，则其所受之苦痛愈亦甚。"① 在这种情况之下，传统士人便在意识形态上发生了分裂，一部分人顽固守旧，另外一部分人开始睁眼看西方，并深入地反思、审视传统文化。由于"内圣"、"外王"二者的密不可分，虽然在传统士人那里，理念上或者说理想上，个人修养的完满和道统的延续高于一切，但在实践中，文化和政治却表现出须臾不能离分的关系，甚至在某种意义上，政治高于一切。判断一种文化是否优越，其最终的落脚点便在于是否能治国平天下。因此，清末尤其是甲午以后，对传统文化进行批判的声音开始多了起来，特别是那些接触、接

① 陈寅恪：《〈王观堂先生挽词〉序》，《国学论丛》第一卷第三号，1928 年。

受西方近现代科学技术和文化思想的知识分子，出于急于改变现实的心态，纷纷对传统文化持一种抛弃的决绝之态。但是，也有另外一批知识分子，依然对民族文化具有极强的自信心，对民族文化独立的价值和重要意义有深刻的体认。杜亚泉就是其中的代表人物。他认为中国传统文化有其自身的价值，也认为西方文化自有其可取之处，并不排斥西方文化。因此，在挽救民族危亡，追求国家富强的问题上，选择了一条既不同于激进派也不同于保守派的道路，在二者之间的夹缝中艰难前行。

参与论战的各方各派，几乎每个人的名字放到现在都是如雷贯耳。所谓神仙打架，也不过如此。在当时道统坍塌、民族存亡悬于一线的时代背景下，在急迫心态的驱使下，很多人把文化作为重建政治社会秩序的一个工具，而很少从文化本身出发，审慎理性地思考传统文化和现代文化的承接、中国文化和西方文化的分野等问题，于是他们的一些观点，就会有失偏颇。如果单纯从对文化本身的态度来讲，杜亚泉应该算是其中较为冷峻理性者。从杜亚泉的言论里面，我们很难发现他的明确倾向，他还是秉持兼容并包的精神，有用的则吸纳之，无用的则排除之，表现出一种相当开明和豁达的态度。但是，正是因为没有明确倾向，杜亚泉就不被任何有明确倾向的人引为同好，而极容易被划归守旧分子的序列。既然已经被贴上了旧的标签，杜亚泉自然也就四面楚歌了。

不仅仅是陈独秀等"《新青年》派"的中坚对杜亚泉疾言厉色地进行驳斥，连他一贯赖以安身立命的商务印书馆对他的态度也发生了变化，这对他的打击是沉重的。商务印书馆对杜亚泉来说，不仅仅是养家糊口的安身之所，更是寄托了他个人理想所在的立命之地。而新文化运动主要是以北京大学为根据地的，蔡元培是北大校长，不能不顾忌这一点。所以，哪怕蔡元培、张元济和杜亚泉关系再好，也庇佑不了杜亚泉了。与其说杜亚泉是在与陈独秀的论战中败下阵来，不如说他是输给了滚滚向前的时代洪流。

这场论战，从个人来说，对杜亚泉的影响是最大的。他不仅从《东方杂志》主编的位置上黯然去职，从此失去阵地，《东方杂志》再也看不到他发表的文章，而且他在商务印书馆的地位，也远远不如从前。但是，历史却不仅仅以成败论英雄。在这场论战中，杜亚泉也为近代以来中国文化的重建，留下了许多值得思考的内容。

第一，传统文化的独立性和同一性。

东方文化源流何自，本来在中国不是一个问题。以儒家文化为代表的中国传统文化以其强大的感召力和同一性，在中国居于绝对权威的地位。中国人对传统文化具有强烈的敬畏感和自豪感。但到明末清初，随着东西方文化交流的日益频繁，特别是传教士东来以后，也许是因为传教的需要，这些传教士开始宣扬中国传统文化源于西方的说法。到鸦片战争以后，随着法国人拉克伯里的"中国文化源于古巴比伦说"被日本学者白河次郎、国府种德介绍到中国，在当时的社会环境下，很快引起了中国学者的广泛注意。一些知名学者居然对此深以为然，并且还从古书中寻找相关证据来进行比较印证。这里面有种种原因，其中最重要的原因是西方列强蔑称中华民族为劣等民族、中国传统文化为劣等文化。这些学者本来是秉持"西学中源"说的，此时的转向也是对此种说法的一种无奈的回应，希冀通过这样的回应来表明中国传统文化与西方文化本来就是同根同源，所以不存在孰优孰劣。但这样便也产生了一种后果——无论怎么陈述，都无法摆脱"西方文明中心论"的窠臼，从而也无法认识中国传统文化本身的价值所在，无法厘清中西文化的性质差别。所以越到后来，越难以自圆其说。

杜亚泉历来主张中国传统文化是在中华民族几千年历史延续的过程中形成的，与西方文化一样，同为独立之主体。他说：

> 盖一兴一衰，一起一灭，四千年历史，已陈陈相因。……试观中外历史，我黄色人种，建设社会于亚细亚，白色人种，建社会于欧罗巴，各不相谋，而自筹其生活之法，治安之道，以成一种文明。故世界之文明者，有二大潮流，即东洋文明与西洋文明是也。此二大文明，发源不同，性质自异。①

这就明确指出中国传统文化与西方文化产生和发展的土壤各不相同，因此各有源流，东方文化绝不是来源于西方。除了强调文化的独立性，杜亚泉还特别强调文化的同一性。他说：

> 虽论事者有经常权变之殊，讲学者有门户异同之辨，而关于名教纲常诸大端，则吾人所以为是者，国人亦皆以为是，虽有智者，不能以为非也，虽有强者，不敢以为非也。……我国先民，于思想之统整方面，最为精神所集注。周公之兼三王，孔子之集大成，孟子之拒邪说，皆致力于统整者。②

---

① 杜亚泉：《浔溪公学开校之演说》，《普通学报》第四期，1902年。
② 杜亚泉：《迷乱之现代人心》，《东方杂志》第十五卷第四号，1918年。

这里面提到的"名教纲常"自然有它的问题，也是日后被陈独秀等所诟病的目标，但应该肯定的是，杜亚泉到底指出了中国文化里面自有其恒定不移的特质，这种特质是文化存在、承续的理由之所在，在某种程度上，这也使中国人免于认知上的矛盾和价值上的迷惘。至于这种特质到底是什么，是可以继续讨论和商榷的。

杜亚泉对中国传统文化的独立性价值和同一性作用，是持肯定和维护的态度的。当时有部分东西方学者对中国传统文化中的汉字、中医都持贬抑的态度，认为其一无是处，没有存在的必要。比如吴稚晖、李石曾、张静江等人，就曾提出废弃汉字的主张。钱玄同更是在《新青年》上撰文称："欲使中国不亡，欲使中国民族为二十世纪之文明民族"，则必以废汉字为"根本解决之根本解决"。这样过激的言论在当时甚嚣尘上，其中一个理由就是汉字没有拼音，难于识记，不便于学习和推广。但一个国家的语言应该说和文化的兴衰存亡有密切的联系，岂能轻易废止！为了解决汉语注音的问题，杜亚泉做出了巨大的努力。早在绍兴中西学堂期间，杜亚泉就和蔡元培一起，经常研究、切磋汉语的注音问题。1912年，还和曾主张废弃汉字的吴稚晖一起，出席教育部召开的国音统一会，被聘为会员。他曾在业余研究注音字母及新式标点的创制和推行，还曾用两年多的时间以圈点"二十四史"做试验。

对于中国传统文化中的另一块宝——中医，杜亚泉更为维护。当时很多人对中医持贬低态度，甚至认为其一无是处。曾在浔溪公学就读的余云岫，算是杜亚泉的学生，赴日学医后归国，曾在商务印书馆当过编辑，在医学界影响较大。他撰文说，"学了西医之后，再把中国医书翻开来读读，竟是大失所望"，"第一件失望的事，就是中国医书的解剖学"，"第二件失望的事，就是中医的理论"，"要晓得阴阳五行十二经脉等话，都是说谎，是绝对不合事实的，没有凭据的，须要斩钉截铁把这点糊糊涂涂半僧半俗的空套，一切打空，方才可以同他讲真理"。总而言之，认为理论的归理论，事实的归事实，中医所以能医好病，主要原因在于"第一是中国的药品，确是有用的"，"第二是中医用药全是靠经验的"，"第三是有许多疾病，到了时日过后，自然能慢慢儿治愈，并非药物的功效"，"第四是暗示的效果"。① 余云岫的说法相对温和，他承认中药有其效用，但否认中医的一切理论。杜亚泉虽然此时已经在和陈独秀的论战中败下阵来，但是对余云岫的说法，他仍然明确提出了反对意见。他说，如果批评中国医学的理论，说它欺伪，要一起推翻它，他是不以为然的。他也同意把中医的理论取其精华，去其糟粕。满口阴阳五行，一切都用其来附会非常可恶，但是他认为这是庸俗的医生的欺伪，而不是中医的欺伪。他分析了西洋医学与中国医学的区别。西洋医学多以尸体解剖、显微镜的检查和动物体的活体实验作为根据，这当然有其进步之处，器官的具体病变，可以通过解剖或者检查显出证据，但是如果是官能的疾患，或者说生理作用变异而起的病患，则通过解剖检查和活体实验都难以解决。中医则不然，专从心灵的体会上着手，其理论的出发点，就是"血气"二字。血是血液，气则是无形迹能运行之气，类似于神经的作用。所谓阴阳不和，血气不和，实际上就是西医里面的循环障碍。西医偏重于局部的诊疗，中医长于系统的辨证施治。至于中国的药理乃至中医诊脉的方法，

---

① 余云岫：《科学的国产药物研究之第一步》，《学艺》第二卷第四号，1920年。

都自有其道理。从而提出了一个非常有价值的意见："现在学西医的或是学中医的，应该把中国的医学，可以用科学说明的，就用科学的方法来说明，归纳到科学的范围以内。不能用科学说明的，从'君子盖阙'之义，留着将来研究。不但中国的医学说应该这样办法，就是别的学问也应该这样办法。"① 杜亚泉既廓清了中西医的区别，避免了人们对中医的误解，又坚持中医自有其价值，虽然暂时不能用科学解释，但并不代表中医就是反科学或者不科学的，这在当时是非常有价值的观点。

文化既具有时代性，也具有民族性。杜亚泉坚持中国传统文化的独立性和同一性，旗帜鲜明地反对"中学西源"，反对盲目崇洋，无疑是有其积极意义的。

第二，对传统文化进行现代转化。

文化除了民族性，当然还有时代性，一种文化若要永葆其生命力，则必然要与时俱进，顺应时代发展的浪潮，否则就一定会被大浪淘沙。杜亚泉很敏锐地注意到了这一点。实际上在当时普遍弥漫的"西优东劣"的悲观情绪下，如果不对传统文化进行现代化改造，不为传统文化注入现代性的因子，则传统文化很难有其容身之处。杜亚泉说："水之流也，往者过，来者续，接续者如斯而已；若必激东流之水，返之在山，是岂水之性也哉！"② 这里的接续，当然是用现代性的因子来对传统进行改造、承接。

杜亚泉对待传统文化，是绝不同意将它们一起抛入故纸堆的，他总是能够敏锐地发现传统文化中可资现代借鉴的优长部分。比如杜

---

① 杜亚泉：《中国医学的研究方法》，《学艺》第二卷第八号，1920 年。
② 杜亚泉：《接续主义》，《东方杂志》第十一卷第一号，1914 年。

亚泉认为中国文明是与西方"动的文明"所对立的"静的文明",认为两种文明的发生与民族、地域等有关,各有擅长。中国文明重自然,勤俭克己,安心守分,崇尚和平,具"田野的景趣,带恬淡的色彩"①,因此在满足人的精神需求方面更有所长。此外,对于传统文化中的很多元素,杜亚泉也是充分肯定的,比如《大学》所言治国必先修身,《论语》所说修己以安百姓,等等。现在谈及每一个民族的传统文化都有自己现代化的特殊路径,传统中蕴含着可以继承的积极养分,大概是没有什么人反对了,但在当时,却是要冒着被斥为向后倒退的危险的,所以这种理性的声音显得尤为可贵。

杜亚泉承认传统文化有必要改进,比如在论及哲学时,他固然认为中国自有其哲学,但也认为必须依赖近代的科学知识来对其进行改造,"惟吾国自古迄今,均偏重于形而上的道,忽于形而下的器,自然科学遂不如西洋近世的发达。哲学上没有科学的基础,当然不很精密。我们应该依据近代的科学知识,把固有的哲学思想,整理一番才好"②。又比如,性情之辨也是儒家传统文化中恒久的命题之一,《荀子》说"性之好恶喜怒哀乐谓之情",刘向说"性生而然者也,在于身而不发;情接于物而然者也,出形于外",程颐说"性之有动者谓之情",朱熹则说"情是性之用",于是大都以性为情所出发的根源,即未发谓之性,既发谓之情。但杜亚泉依据心理学的原理,说人的心意作用,本有知、情、意三个方面,如果仅仅以性为情的根源,则其他方面的根源无所寻觅。他对此进行了补充,认为人天资各有差异,个性各有不同,所以知的出发点或者说根源也是性。意乃冲动行为出

---

① 杜亚泉:《静的文明与动的文明》,《东方杂志》第十三卷第十号,1916 年。
② 田建业编校:《杜亚泉著作两种》,新星出版社 2007 年版,第 12 页。

发之结果，亦与本能或者说性有关，所以"人类的心意与兽类的心意的差别，其最重要的特点，为知的方面，理智的发达。由是而情意两方面，经理智的导引，养成高尚的情操与自由的意志。此等心意，其出发的根源，皆属于人性"①。这样的结论自然比儒家之说更有说服力，也是杜亚泉和蒋梦麟关于"何谓新思想"辩论的主要理论依据。在论及伦理学之本务（近于法律之义务）时，杜亚泉认为："各人的本务，随各人所处的时地而殊。"②例如孔子处列国纷争兼并之时，即当以尊王室、从周礼为本务；但在当时列强环伺、国贫民弱之时，就应该把团结民族、巩固民权、发展民生为本务。这就是本务的时代性。而资本家利用资本开发生产，劳动者勤勉工作提高效率则是地位不同各自的本务。进而杜亚泉指出，大学所谓"至善"，除认定本务之外，更无本务以上的善可言。

我们并不是说杜亚泉对传统文化的扬弃全然合理，但是这种不趋炎附势，不急躁盲从，对待传统既不自大，也不自卑的态度，是值得我们肯定的。在一种文化里面，承续和断裂可能混合存在，并没有一目了然的疆界。那么，要客观地对待一种文化，必须有理性的态度，简单地肯定或者否定，都是不合适的。如果坚持一刀斩断所谓旧的根子，全然引进或者生造一种新的文化，是不现实也无法实现的。

第三，审慎对待外来文化。

中国近代是一个很特殊的时代，常有学者以之与春秋战国时期相比较，意谓各种思潮纷错杂出，互相交织，形成百家争鸣之势。但近代中国与春秋战国相比还有一个不同的特点，就是时空的交错比任何

---

① 田建业编校：《杜亚泉著作两种》，新星出版社 2007 年版，第 79 页。

② 田建业编校：《杜亚泉著作两种》，新星出版社 2007 年版，第 159 页。

一个时代都复杂。罗志田对此有过深入的研究，他说，"近代中国一个突出的时代特性是古今中外各种时空因素的多歧互渗"，并援引鲁迅的描述，"中国社会上的状态，简直是将几十世纪缩在一时：自油松片以至电灯，自独轮车以至飞机，自镖枪以至机关炮，自不许'妄谈法理'以至护法，自'食肉寝皮'的吃人思想以至人道主义，自迎尸拜蛇以至美育代宗教，都摩肩挨背的存在"①。在这样一种多重矛盾交织的环境中，思想的纠缠、交锋便不可避免。

近代以来中国在军事上的屡弱、政治上的失败，使得国人从过去那种以天朝上国自居的自大心态一下子堕入事事、时时自卑的心态。中国传统文化本就有反求诸己的渊源，因此，知识分子便普遍开始对传统进行反思，传统文化也是其中重要的一个方面，许多人把中国之失败归咎为传统文化的劣根性。传统文化本就涵盖极广，既然已经预设了今日失败之果乃是传统文化之因所造成，要从传统文化里面寻找落后的、不合时宜的因素便不难。这样就形成了一种普遍的倾向：传统的代表旧的，外来的代表新的；旧的都是落后的，外来的都是进步的。这种反传统表现出来的总的动向就是求新，认为越新的越能代表进步的方向，越能在思想交锋中立于不败之地。因此，普遍存在崇洋的倾向。杜亚泉从绝意科举之后，奋勉学习西方的自然科学技术，正是此种倾向一个明确的印证。

第一次世界大战爆发后，其惨烈的后果使西方人对自己文化的信心产生了动摇。斯宾格勒所著《西方的没落》，更是直言不讳地说西方文化已经走入了死胡同。在中国，一味尊崇西方的倾向也发生了分

---

① 罗志田：《权势转移：近代中国的思想与社会》（修订版），北京师范大学出版社2014年版，第180页。

裂——有的人继续追随西方，而有的则开始反思西方文化的弊端，反求诸己，从传统文化中寻找可以解决问题的方法。杜亚泉在欧战爆发后，开始深入思考西方文化的价值。他作为一位由传统士人转型而来的知识分子，尽力肯定中国文化的价值，主张复兴民族的传统文化。但是他对待外来文化，不是简单地摒弃。除了悉心引进西方自然科学技术毫无迟疑之外，他还潜心学习、研究了西方的种种"主义"。当然，杜亚泉自修的是日语，他所接触的外来文化，主要是日译的，他还把其中一部分转译成了中文。杜亚泉对待外来文化的态度，可以用一句话来概括：广泛地接触、审慎地吸收。

近代中国，很多人对俄国是十分关注的。俄国在地缘上比欧美更接近中国。周作人认为："中国的特别国情与西欧稍异，与俄国却多相同的地方。"[①] 特别是十月革命以后，苏俄的社会主义模式相较于欧美似乎更新。受趋新潮流的影响，许多知识分子开始把目光投向苏俄。杜亚泉当然不可能对社会主义这一时髦的思潮视而不见。不过，他所接触到的关于社会主义的理论以及对社会主义的认识，基本上来自日文书籍，因此，对于社会主义的真谛，对于空想社会主义、基尔特社会主义与科学社会主义之间的本质区别，他应该是不甚了解的。从某些方面看，他对社会主义持赞许、期待的态度。他翻译的幸德秋水的《社会主义神髓》一书，是当时东方社会主义的启蒙读物之一。大概杜亚泉也是因为在欧战后看到资本主义固有的一些顽疾，想为中国的未来寻找一条新的途径，所以才去接触、研究进而把这本书翻译介绍给国民。他说，"大战终结后社会主义之勃兴，其影响必及于吾

---

① 周作人：《文学上的俄国与中国》，《东方杂志》第十七卷第二十三号，1920 年。

国，此固吾人所窃窃欣喜者"①。对于社会主义，他有他自己的认识，并以一贯的思维模式与中国传统文化联系在一起。

杜亚泉对待中国传统文化和西方外来文化，很少先下结论再做论证，他始终坚持以客观的理性思维来对各种文化兼收并蓄。这一点直到今天，依然值得我们学习。

时至今日，我们再来重新审视这场论战，应该把历史事件还原于当时的历史场域，结合当时的时代背景和社会环境来进行讨论。在那个年代，辛亥革命虽已胜利，但民主政治尚未建立，帝国主义列强的威胁依然存在，几千年来的封建专制思想在很多人心里根深蒂固。而要扫清障碍，为中国亟需的近现代科学文化输入疏浚管道，则矫枉未免过正。不以雷霆万钧之势为新思想摇旗呐喊，断难引起人们的反响，从这一点说，陈独秀勇立时代潮头，其动机是值得赞赏的，其方法是可被理解的。而杜亚泉的思想，虽有补偏救弊的作用，但在当时的大环境下，未免不合时宜。他没有把当时中国社会的主要矛盾看得太清楚。当时的中国确实需要一剂猛药，需要彻底反省，方能荡涤几千年封建之沉疴。陈独秀以其贡献，当之无愧为新文化的启蒙者，但若把他论战的对立面杜亚泉作为落伍者的代表，却也是不公平、不严谨的。政治危机、主权危机、民族危机固然是危机，文化危机也是危机。杜亚泉正是看到中国传统文化面临的生存危机，并且从欧战中看到了西方文化的弊端，才阐发他的种种理论主张。可以说，二人的目的并无根本上的分歧——都是为了救亡图存，但二者方法不同。他们都是值得尊敬的。

---

① 杜亚泉：《大战终结后国人之觉悟如何》，《东方杂志》第十六卷第一号，1919年。

对于陈独秀与杜亚泉的东西方文化问题论战，我们除了将之置于当时的时代背景下进行公允的评价之外，还应该思考它留给我们的启示。文化对于一个民族、一个国家的深刻意义，已经被越来越多的人所清醒地认识。一百多年来，经过几代人的努力，虽然经济社会得到了飞速发展，但文化的复兴仍然任重道远。当下强调的社会主义核心价值观，正是对价值信仰的引导。我们今天的文化建设，应立足于学术思想的深厚基础；这个学术思想，应是相对独立的、经过长期酝酿和积累的。唯其如此，我们才能在文化建设上多一些理性的思考，少一些冲动的盲从，不走或尽量少走弯路。

第五章

老牛岂顾夕阳晚

1921 年，商务印书馆延请胡适入馆担任编译所所长，胡适当时 30 岁左右，而立之年，已经"暴得大名"，虽然他也认为商务印书馆很重要，但更觉得自己的事业重要，认为至少要为自己的事业再奋斗 10 到 20 年，于是推荐自己的老师王云五以自代。王云五入馆以前，即对商务印书馆的改革有所谋划，并且在得到张元济和高梦旦的允诺支持后，方才答应就任编译所所长。王云五的改革措施里面有很重要的两条，一是按照现代学科分类对编译所机构进行改革，二是大量聘请海外留学回来的新式人才，以新人代旧人，朱经农、唐擘黄、竺可桢、段抚华、杨杏佛、陶孟和等名教授纷纷入馆。机构改革后，杜亚泉不再是理化部主任，改任博物生理部部长。王云五的改革，确实对商务印书馆的发展起到了作用，但也在馆内引起很多非议。对杜亚泉来说，实实在在的可以施展拳脚的空间越来越小。

即便如此，年近半百的杜亚泉也并没有沉沦下去。失去了《东方杂志》这个舆论阵地，他就继续通过出版、通过教育（出版也是为了教育）、通过其他途径来继续自己的事业。

一、教材编写理念愈加成熟

在这个时期，杜亚泉编写的教材从数量上看，明显比前 15 年要少，主要有《中等学校有机化学教科书》、《新法后期小学理科教科书》（合编）、《新学制初中自然科学教科书》、《新学制新撰高小自然科教科书》、《中学动物学教科书》等。囿于分工，这些教材主要是博物生理方面的。

杜亚泉推崇接续主义，他的接续，是"旧业与新业相接续之谓"。杜亚泉不反对改革，但也不同意一刀割裂与历史的联系，而是认为应该持一种接续调和的态度。体现在他的编辑理念上，是一种明显的接续调和的特质。

杜亚泉特别注重教材内容的选择。他在任理化部主任期间编写的教材就已经体现了这一点。后来在丰富的出版实践中，他慢慢形成了自己的选材原则。1930 年，杜亚泉专门在《自然界》发表文章，详细阐述了自然科教材内容选择的四个要件：第一，自然科的教材，其事物必须可以代表自然界的一方面，所谓模式的教材；第二，选材一定要注重普通，不普通的事物虽然可以满足儿童的好奇心，但于人们的生活无密切之关系，即无做教材的价值；第三，要选择为实验观察比较容易的事物；第四，要选择投合儿童兴味的内容。[①] 这四个选材的原则，即便放到当下，也是具有普遍指导意义的。按照2001年新课标的要求，教学的三维目标是"知识与技能，过程与方法，情感态度与价值观"，这三个目标的实现，都与杜亚泉所说的选材的四个原则相关。教材要让学生掌握知识与技能，必须要选择有代表性的事物；而要掌握过程与方法，必然要选择实验观察比较容易的事物；要实现情感态度和价值观，需要选择儿童感兴趣的内容及与生活密切相关的内容。

1923年，杜亚泉编写了《新学制初级中学教科书·自然科学》。这本书比较详尽地体现了杜亚泉所谓的教材内容选择的四个要件。该教材第一册的"编辑大意"，阐明了取材的原则："本书取材以下列三项为标准：（一）习见的事物，为吾人所当理解的；（二）于个人生活有重要关系的；（三）于吾人思想上或社会生活上有重要关系的——总以毕业后可供实际应用的为主。"[②] 这里虽然只有三条标准，但和杜亚泉所谓选择教材内容的四要件是契合的。

比如第一册第二章"动物的外观"第一节"脊椎动物"，讲述脊椎动物的定义时，即以人来举例说明："吾人身体的背面，内部有脊椎骨一条，系许多小骨连成；这小骨称为脊椎骨。动物中有这样脊柱的不少，统称脊椎动物。"[③] 这样的举例非常新颖而饶有兴味，每个人

---

① 参见杜亚泉：《自然科教材的选择》，《自然界》第五卷，1930年。

② 杜亚泉：《新学制初级中学教科书·自然科学》第一册，商务印书馆1923年版，"编辑大意"第1页。

③ 杜亚泉：《新学制初级中学教科书·自然科学》第一册，商务印书馆1923年版，第39页。

都有脊椎骨，学习的时候，只要伸手一摸，即可对脊椎有一个直观的认识。选取人来进行说明，首先是人代表了自然界的一个方面，另外也注重了普通，以及实验观察的容易性。又如哺乳动物的内容讲解完之后，设计了这样一个问题："蝙蝠为什么不称为鸟类？鲸为什么不称为鱼类？"杜亚泉选取了哺乳动物里面非常特殊的两个种类进行设问，除了具有代表性之外，还能引起学生的兴趣，对下面鸟类和鱼类的学习也是一个引导，学生可以带着疑问进入下一个阶段的学习。

这里只是列举了自然科教材的内容选择，实际上，杜亚泉编写的其他学科教材，取材上也非常注重方式方法。这些教材选材的理念和原则，在当时是非常先进的。

在教材内容的编排模式上，杜亚泉也有自己独到的见解。教材内容选取完毕后，怎样进行编排，孰先孰后，是合是分，教育家和出版家往往各有意见。以博物教材为例，当时借鉴西方的观点，主要有两种编排方式。一是新人文派教育家卢盆所提倡的系统排列法。先从具体的自然物，渐次到抽象的种属科目，最后把自然分为动物、植物、矿物三界，而以说明自然为结束。在系统的排列法中，一般主张以构造最简单的下等生物为出发点，渐及高等的生物。杜亚泉对此有不同的观点，他认为学习应该根据儿童的心智发育情况，从儿童的经验出发，因此教材的编排，自然以儿童周围最丰富、最接近的高等生物居先，渐次及于低等生物。系统排列法至少在小学教材中，是不适合的。① 杜亚泉认为分类不是博物学最高的问题也不是博物学学习的目的，若采用系统排列法，容易导致教材板滞，扼杀学生特别是初学者

---

① 参见杜亚泉：《自然科教学资料·教材的选择》，《自然界》第五卷，1930 年。

的兴趣。二是尤戳氏所提倡的共存体排列法。这种方法本是救系统排列法之弊的。共存体，就是依照各个体生活上必要而形成的自然物的群体，比如庭院、田野、高山、森林、溪谷等，各有相应的共存体。各所学校因地制宜，选择实在的共存体，作为博物课的教材；各所学校的教材，不必同样。在共存体中的各事物，按照其关系为排列的序次。杜亚泉认为，这种方法虽然愿望是美好的，但很难实施，因为要理解一个共存体，必须要花费很长时间。若在一个学年中配置若干共存体，并把共存体内各自然物的形态、生态和相互关系了解清楚，对学生来说难度太大，不可能完成。因此，杜亚泉认为，共存体排列法只能作为系统排列法的一个补充，或可矫正系统排列法"孤立的或板滞的流弊。若要完全实施，是不成功的"[1]。

通过对这两种排列法的研究，杜亚泉得出自己的结论：首先，要对卢盆的系统排列法略加变化，用模式的个体为教材，代表系统的一部分；联合若干个体，以表示系统的大略。这保留了系统排列法的意味，但没有系统排列法的板滞。其次，在难度的排列上，低年级的内容应当以广浅为主，高年级则以狭深为主。同一个内容，在低年级和高年级最好都有所体现，反复学习，由浅入深，但为了不扼杀学生的兴趣，又宜采用阶段学习法。采圆周学习之意，而不用圆周学习之形。比如选取菊作为教材内容，第一年研究野菊的形态和习性，第二年研究菊的栽培法，第三年研究菊花所受人为淘汰的影响，这还只是单纯的圆周学习法，容易扼杀儿童的兴趣。但若稍加变化，先以蒲公英为例，研究菊科植物的形态和习性；次用除虫菊为教材，研究其栽

---

[1] 杜亚泉：《自然科教学资料·教材的选择》，《自然界》第五卷，1930年。

培法；再用菊花为例，研究其所受人为淘汰的影响，则不易引起学生的疲乏和厌烦，比起圆周学习法来说更为稳健。① 再次，博物教学法中最重要的是实物观察，因此教材内容必须按照季节来排列，以方便实物观察的进行。"季节的排列法，就各教材主要的观察点，选定其搜集实物最适当的时期；乃依着这时期的先后排列。例如油菜以花为主要的观察点，则选其开花的时期，排列教材；若又要观察油菜的果实，则择其花尚盛开，一部分果实已成长时为宜。又如蛙的观察，以成长时期为主要，但蛙卵及蝌蚪，亦须逐一观察。若选择适当时期，则蛙及种种蝌蚪、蛙卵等，均可获得实物……"② 总而言之，博物教材的编排，必须在着重季节和难易顺序排列的基础上，兼顾系统的、共存的及其他各方面的排列。可见，杜氏的教材编排法，吸取了各家之长，又有自己的创见。

此外，杜亚泉还指出，在理化教材的内容编排上，是不需要考虑季节因素的。而难易的排列，则更加需要注意。"学习须以儿童的经验为出发点，这是新教育中的一个要素，前已屡屡述及。理化的学习法，尤以经验为重，以儿童既有经验的事物现象为基础，加以观察实验，使得有新经验；复以这新经验为基础，继续进行，愈进愈深，这是学习理化的唯一法则。所以教材的排列，必须由易而难；难易的排列法，断不能排除的。"③ 理化教材的联络，一定要注意因果的关系。因果关系和博物教材中的共存关系同等重要。如此现象为彼现象的原因，或者此现象为彼现象的结果，则这两种内容最后排列在一起。

① 参见杜亚泉：《自然科教学资料·教材的选择》，《自然界》第五卷，1930年。
② 杜亚泉：《自然科教学资料·教材的选择》，《自然界》第五卷，1930年。
③ 杜亚泉：《自然科教学资料·教材的选择》，《自然界》第五卷，1930年。

可见，杜亚泉对于不同性质的教材应该采用何种排列法，是各有侧重的。

二、译介国外社科著作

杜亚泉虽然对中国传统文化有着情感上的依恋，但也在时时刻刻关注着西方的各种思潮。这一时期，杜亚泉翻译了很多社科类著作，尤以哲学为主。

在当时的社会背景下，开明的知识分子已经在睁眼看西方，而伴随帝国主义列强的隆隆炮声而来的，不仅仅是洋火、洋油，还有包括宗教在内的各种文化上的舶来品。在这些舶来品中爬罗剔抉，挑选可资救国救民的内容，就成了那一代知识分子带有神圣使命感的文化自觉。这种选择仁者见仁、智者见智，并没有统一的标准。杜亚泉作为一个温和的、受儒家思想熏陶的知识分子，自然在其翻译的著作里浸注了自己的取舍标准。

在商务印书馆期间，杜亚泉翻译的比较有影响的国外著作（不包括教科书）如下表所示[①]：

书　名	出版年月
《社会主义神髓》	1923 年 11 月初版，1925 年 6 月再版
《战争哲学》	1923 年 12 月初版，1925 年 6 月 3 版
《处世哲学》	1923 年 12 月初版，1931 年 11 月 4 版

① 参见许纪霖、田建业编：《杜亚泉文存》，上海教育出版社 2003 年版，第 467 页。

这三本译著是杜亚泉在社会科学方面的代表译作。

（一）《社会主义神髓》

《社会主义神髓》是日本幸德秋水所著，杜亚泉翻译，后来列为"东方文库"第 26 种。出版时，这本书的封面上并没有标明译者，只在正文第一页标明了"高劳译"，"高劳"是杜亚泉的笔名之一。

这本书出版于 1923 年，随着五四新文化运动的展开，马克思主义和各类社会主义学说一时成为显学。这本书是日本社会主义的重要启蒙著作，作者幸德秋水早年受过比较深厚的汉学教育，后来师从日本自由民权思想的创始人之一中江兆民。幸德秋水对很多问题具有敏锐的判断力。当时日本的各种真假社会主义思潮鱼龙混杂，良莠不齐，幸德秋水由于自身的丰厚学养，在这种泥沙俱下的混杂环境中吸收到了比较精纯的社会主义思想。更为重要的是，当时的欧战，给了很多知识分子极大的刺激，包括中国知识分子在内的许多东方知识分子都不再奉资本主义为现代化的唯一圭臬。幸德秋水就是旗帜鲜明的"非战论"主张者。杜亚泉的教育背景和幸德秋水颇有几分相似之处，也对战争不感兴趣，所以，他翻译这本著作，在某种意义上也是把幸德秋水引为同好的。

《社会主义神髓》并不长，共分七章：第一章，绪言；第二章，贫困之原因；第三章，产业制度之进化；第四章，社会主义之主张；第五章，社会主义之效果；第六章，社会党之运动；第七章，结论。还有附录：社会主义的意义及其类别。本书的第一章，明确指出了自工业革命以来，生产力较之前高度发达起来，但与之形成鲜明对比的是，普罗大众的生活日渐困苦，甚至求一不平等的劳动地位亦不可得，尖锐地揭露了资本主义的罪恶。"呜呼！世界人类之苦痛与冻馁，日甚一日，月急一月，人类之多数，以求其生活之自由，衣食之平等，至不得已而以一切平和幸福进步，供其牺牲，所谓人生，竟将限于如此之境遇耶？耶稣所谓祖先之罪耶？浮屠所谓婆娑之常耶？是岂真理耶？正义耶？人道耶？"① 从而提出了问题：怎么解决这个矛盾，"谁能解决之者？宗教乎？曰否。教育乎？曰否。法律乎？军备乎？曰否否。夫宗教者，使吾人想象未来之乐园，非为吾人除去现在之苦痛也。教育者，与吾人以多许之智识，不能为吾人产出一日之衣食也。法律能罚人，而非乐人之具。军备能杀人，而非活人之器。呜呼噫嘻，谁能解决此问题者？"② 由此引出了本文的主旨——介绍作者所激赏的社会主义。

在后面几章中，幸德秋水力图用马克思主义基本理论，来揭示资产阶级和无产阶级存在根本的不可调和矛盾的原因，也就是生产社会化和私人占有之间的矛盾，并且阐释了剩余价值理论。他还描述了人类社会的演进过程，认为社会主义必然取代资本主义。虽然由于时代的原因，幸德秋水的社会主义理论里面还掺杂了无政府主义等杂质，不过瑕不掩瑜，这本书依然和片山潜的《我的社会主义》一起，成为当时东方两大著名的社会主义启蒙读物。

在杜亚泉的译本之前，《社会主义神髓》已经有好几个译本，但是杜亚泉的译本在当时的影响力还是很大的。杜亚泉的译本，和其他

---

① ［日］幸德秋水：《社会主义神髓》，杜亚泉译，商务印书馆1923年版，第5—6页。

② ［日］幸德秋水：《社会主义神髓》，杜亚泉译，商务印书馆1923年版，第6页。

译本比较，有非常明显的特色，尤其是语言风格，多用对称的句式，文白掺杂，在某种程度上显示了译者深厚的旧学功底，打上了鲜明的杜亚泉的烙印。杜亚泉虽然不是一个社会主义者，但他对社会主义的某些观点是持赞赏和包容态度的，客观上也对社会主义在中国的传播做出了一些贡献。

（二）《战争哲学》

该书因为是由几个部分合编而成，所以封面和扉页上都没有标明具体的作者和译者。后来列为"东方文库"第 42 种，作为《东方杂志》20 周年纪念刊物出版，初版年份应该是在 1923 年 12 月。

《战争哲学》分为四个部分，第一部分是"般哈提将军主战论概略"，第二部分是"评般哈提将军之战争哲学"，第三部分是"论道德之势力"，第四部分是"战争与道德"（目录错排为"战争与德道"）。

第一部分是杜亚泉以"高劳"为笔名亲自译述的。般哈提将军（General Von Bernhardi，今一般译作伯恩哈迪将军）是德国著名的军事家和军事著作家，在普法战争中战功卓著。杜亚泉在这部分中，择要介绍了般哈提的主战论基本思想，概而言之，般哈提的观点是："战争者不但国民生存所必要，亦文明进步所必须。真正文明国民，得以此发扬其威力与元气。"[1] 他认为，爱好平和者，往往其理想与实际脱节，无法付诸实施；战争不仅仅是必要的，也是符合道德的，因

---

[1]　杜亚泉等译：《战争哲学》，商务印书馆 1923 年版，第 5 页。

为只有通过战争，才能让强者恒强，从而推动人类社会向前进步；战争既是权利也是义务，亦是解决很多问题和纷争的唯一途径。般哈提因为他的这些理论和主张，而被很多人所诟病。

第二部分是英国人威廉·哈雷尔·马洛克（W.H.Malloc）所著的对般哈提战争哲学的评判，由孟宪承翻译。马洛克引用亚里士多德的话说："盖德者，两极端之中也；例如勇敢，德也，而勇敢为怯懦与狠戾之中。……是非真伪，异点全在度数，过犹不及，之间耳。真理之偏即为伪，是处太过即近非。"① 认为战或者不战，不可一概而论，战争与平和或者说谈判应该互相调剂，从而评价般哈提对中庸之道"得其粗而忘其精"，把国际之接触与国际之对抗混为一谈。从这点看来，马洛克虽然并不否认战争的重要性，乃至必要性，但是觉得般哈提对战争的作用是有所夸大的。②

第三部分是由胡愈之译述的法国人安特里伦关于战争的部分观点。安特里伦与般哈提的想法类似。他认为德国民众的思想较为优越，而法国的所谓自由、平等、友爱的人格主义失之浪漫而与现实大相径庭，不符合达尔文的生存竞争理论。"虽然，此种人格主义之梦想，果能恃以立国而不成为昙花泡影乎？道德上之想象，果能不为'权力之愿望'之理想所屈伏乎？则应之曰否。自由也，平等也，友爱也，凡此十八世纪革命时代之梦想，殆无不与达尔文所倡导之进化公例大相抵触。"③ 没有一定的势力做保证，则正义只是镜花水月。势力与正义并不是互相抵牾的，"是故无势力，则正义不

① 杜亚泉等译：《战争哲学》，商务印书馆1923年版，第33页。
② 参见杜亚泉等译：《战争哲学》，商务印书馆1923年版，第45页。
③ 杜亚泉等译：《战争哲学》，商务印书馆1923年版，第51页。

能存在，无正义则势力无能持续，二者相成而非相对者也。"[1] 胡愈之对安特里伦的观点是不赞同的，他认为："安特里伦之说，实可代表唱导黩武主义者之理想；此次大战争之发生，要由于此种思想之蕴酿。"[2]

第四部分"战争与道德"是英国萧伯纳所著，罗罗翻译。"罗罗"是胡愈之的笔名之一。萧伯纳认为即便是战争，也要恪守基本的道德规范，并援引苏格拉底和柏拉图的基本理论和实践行为论证自己的观点。认为人与动物应该有本质的区别，除了物质上的进化、竞争，还有很丰富的精神层面的东西。道德是照耀人们心灵的最灿烂的理性光芒。他认为对德国不应长期实行封锁，德国的妇女儿童死亡率大大上升，人民饥寒交迫，这其中协约国的封锁政策实在难辞其咎。

这本书的四个部分虽然自成体系，但从内部的逻辑来看，却是浑然一体。首先介绍般哈提的战争哲学，然后介绍对般哈提战争哲学的评判，再阐述所谓正义与实力的辩证关系，最后阐述战争与道德的逻辑关系。

杜亚泉这样安排全书的结构，用心深焉。当时，达尔文的生存竞争学说影响甚巨，杜亚泉自己也深受此种学说的影响。但一战爆发后，欧洲 30 多个国家，15 亿人口先后卷入战争，伤亡人数达到 3000 多万，这使国内一部分有识之士开始反思，达尔文的生存竞争是不是适用于一切领域？战争荼毒生灵，那么到底是什么原因引发了战争？战争是有用的还是无用的，是恶还是善？这些问题无疑都是当时知识

---

[1]　杜亚泉等译：《战争哲学》，商务印书馆 1923 年版，第 52 页。
[2]　杜亚泉等译：《战争哲学》，商务印书馆 1923 年版，第 53 页。

分子的目光聚焦所在。杜亚泉本身是一个调和论者，和蔡元培一样，他亦奉行兼容并包之思想。在这本书里，既有他自己对般哈提战争哲学的译述，也有赞同或者反对般哈提战争哲学的观点。他没有简单地对战争哲学进行臧否，而是如实地翻译出来，供读者自己思考。但他的倾向也是可以探寻到的。杜亚泉一贯奉行儒家的中庸思想，因此，他选取的孟宪承所翻译的马洛克对般哈提的评判，不乏"中庸"、"过犹不及"等儒家用词。孟宪承试图把西方的思想用中国儒家经典理论来进行阐释，这点深得杜亚泉之心。此外，胡愈之所翻译的文章，明确反对黩武主义，认为战争之中也要讲求道德，物质并非人类世界的唯一等等，应该也是杜亚泉所赞赏的观点。在杜亚泉看来，既然战争是必要的（更准确地说是不可避免的），那就应该用公理、正义、道德来进行调和，以使战争的负面影响降到最低。这种调和论思想在杜亚泉的文字中随处可见。

（三）《处世哲学》

《处世哲学》是德国哲学家亚瑟·叔本华的作品，由杜亚泉译述，此书后来列为"东方文库"第 43 种，作为《东方杂志》20 周年纪念刊物出版，初版日期是 1923 年 12 月。

叔本华的这部著作，先是由日本杉安文学士所译，然后由杜亚泉从日文转译为中文。叔本华是著名的悲观主义哲学家、唯意志论者，开启了非理性主义哲学。这个译本分为六个部分。第一编为总论，第二编为人格论，第三编为财产论，第四编为名誉论，第五编为处世论，第六编为年龄论。"第一编言人生幸福，首在自己之人格，而名与利次之。第二编说明修养人格为幸福基础之理。三编四编，说明名与利之真相，及其与幸福之关系。《处世哲学》即以前四编为主。五编搜集古人之格言，以为处世之箴规。六编阐发吾人自幼至老一生之心境，乃处世哲学之附录焉。"①

五四新文化运动前后，第一次世界大战炮火甫定，国际上局势依然十分险恶，法西斯主义的幽灵已经开始出没；国内各方面的矛盾也很尖锐，人民生活困苦。面对列强欺凌的耻辱、国内政局的动荡，知识分子深感忧虑，又苦于无力改变时局，心灵上倍加痛苦。杜亚泉所翻译的《处世哲学》中的思想，某种程度上可以消弭这种焦虑和痛苦。"吾人有生存之欲望，而苦痛即随之，于是欲得解脱此苦痛之术；然苦吾人者，非肉体，实意思也；故自杀者仅使肉体死灭，决非使肉体免苦痛之法；有理性以制意思，则与人欲相离，置死生于度外，无所谓死，亦无所谓生，所谓佛陀涅槃之境，斯真解脱之道矣。"②这里重点就是强调苦痛既然如影随形，无法摆脱，就只有用理性来抵御。杜亚泉认为叔本华的哲学与佛教大乘不无融洽之处，除了自觉，尚可觉他，救度众生，同登彼岸。这里当然有附会之处，源于杜亚泉深受儒家传统影响，骨子里有一种救济天下的文化责任和自觉。实际上，叔本华以唯意志论独树一帜，认为意志独立于时间、空间，所有理性、知识都从属于它。杜亚泉把叔本华的"意志"译为"意思"，反认为叔本华把所谓"认识"（即"理性"）居于比"意思"更高的地位。说叔本华"既主张以意思为宇宙之本体，又以认识御意思，为人类高尚之能力；其一生著作，大都以此二语为前提"，"其处世哲学，虽旁征

---

① ［德］叔本华：《处世哲学》，杜亚泉译，商务印书馆 1923 年版，第 3—4 页。

② ［德］叔本华：《处世哲学》，杜亚泉译，商务印书馆 1923 年版，第 3 页。

近喻，婉委曲折；而要其指归，不外以认识御意思之一语而已"①。显然，杜亚泉对叔本华的哲学思想是有选择地吸收，并对其进行改造使之符合国人的思维模式和知识范畴。这里面隐含着杜亚泉的价值取向，即吸取能为我所有者、我所感兴趣者为我所用。所以杜亚泉译述的国外社科著作，是经过精心选择的，蕴含了作为译作者、作为出版者的深意在里面。

三、继续编纂工具书

"博厚，所以载物也。"②"故君子尊德性而道问学，致广大而尽精微，极高明而道中庸。"③ 可见，儒家对于"博厚"、"广大"是十分重视的。杜亚泉深受儒家文化特别是中庸思想的影响，在出版理念上也非常重视"博"，而且注意形成体系。出版物里面，最"博厚"、"广大"的要算辞典之类的工具书了。

杜亚泉主持编写工具书，希冀以此来推动教育，推动文化的建设。他的一些出版规划与高层意见相左，最终未能付诸实施，就是因为高层觉得这些工具书出版工程浩大，而见效甚缓；而他已经着手编纂的几部辞典，耗时既久，涉及的人和事非常烦琐，虽然从社会效益来说不乏其意义，但终因其过程太过艰辛，遭到了管理者的反对，从而没有延续下去。作为出版企业，管理者作出这样的处理无可厚非，

---

① 〔德〕叔本华：《处世哲学》，杜亚泉译，商务印书馆 1923 年版，第 3 页。
② 《中庸》第二十六章。
③ 《中庸》第二十七章。

而杜亚泉在出版方面的理想情怀也展露无遗。

杜亚泉编写完成并出版的有影响的工具书主要有以下两部：

（一）《动物学大辞典》

早在 1918 年《植物学大辞典》出版之前，杜亚泉就萌生了编写《动物学大辞典》乃至其他各科专门辞典的想法。他说："吾等既编辑植物学辞典，于民国六年（实为民国七年——笔者注）印行，其时吾等已预备编辑动物学辞典之材料若干，乃欲仿植物学辞典之体例，继续编辑动物学辞典。"[①]《植物学大辞典》由十几人编写而成，难免有重复和前后矛盾的弊病，校正和厘定，特别花费工夫。有这样的前车之鉴，加上杜亚泉本就是特别注意接续调和的人，不可能不吸取这个教训，《动物学大辞典》主要资料收集等工作由杜亚泉从弟杜就田负责。杜就田虽然不是动物学者，但是他能够翻阅英日书籍无碍，爬罗剔抉，全力以赴。其他编者如凌昌焕等也积极性很高，做了大量基础性工作。

《动物学大辞典》于 1917 年开始编纂。据田颂云《近代商务印书馆辞书出版研究》，《动物学大辞典》的初版日期是 1932 年，版权页中也标明"公元一九三二年十月初版"[②]；高力克《杜亚泉学术年谱简编》则说此书是在 1923 年初版，许纪霖、田建业编《杜亚泉文存》亦认为此书是在 1923 年 10 月初版。但笔者对此存疑。据在商务印书馆担任过编审部主任的袁翰青所述，《动物学大辞典》当是在 1922 年

---

① 杜亚泉等：《动物学大辞典》，商务印书馆 1922 年版，序。
② 田颂云：《近代商务印书馆辞书出版研究》，华中师范大学硕士学位论文，2008 年。

| 129 |

初版刊行的。① 另据《动物学大辞典》"序"，杜亚泉在落款处明确写道："民国十有一年五月，杜亚泉序于商务印书馆编译所。"② 在该书的"凡例"中，编者的落款日期也是民国十一年四月。因此，笔者认为《动物学大辞典》的初版日期应在 1922 年 10 月。

《动物学大辞典》只有五位编者，花费时间不到《植物学大辞典》的一半，篇幅却几乎是其两倍。《动物学大辞典》收条目 10350 条，图 3500 多幅，另外附有西文索引 12700 多条，日文假名索引 6000 多条，书后还附有四角号码索引，总计 250 多万字。

和《植物学大辞典》一样，《动物学大辞典》也是采用笔画顺序编排条目，但其体例与《植物学大辞典》有很大区别。杜亚泉在"序"中说明道："则其体例与植物辞典，殊不相类，盖植物辞典所收录之植物名称，以我国之固有名称为主，附益以日本之汉名，可适用于我国者，其范围尚隘。此稿所收采之动物名称，则以西洋之学名为主，其可附以固有名称者，仅一小部分，大部分则于同类之固有名称上，加以识别之语而成。此识别之语，大都译西文之原义者居多。夫如是，则所谓动物辞典者，固非就吾国固有之动物名词而加以解释，乃就西洋之动物学名，附以译名而解释之也。其范围广漠，自不待言。"③ 这就点出了《动物学大辞典》与《植物学大辞典》对专有名词选择和审定、解释的本质区别。不唯如此，《动物学大辞典》还在目录之前，以图、表和知识框架网络的形式对动物学的大致谱系等做

---

① 参见袁翰青:《自学有成的科学编译者杜亚泉先生》，香港《新晚报》1982 年 2 月 7 日。

② 杜亚泉等:《动物学大辞典》，商务印书馆 1922 年版，序。

③ 杜亚泉等:《动物学大辞典》，商务印书馆 1922 年版，序。

了一个简明的介绍，使读者能够明白各知识点之间的关联，包括"各地固有动物之图"、"近世动物种类之比例略图"、"动物术语图解之一斑"、"动物界之概略"、"动物学分类上之条目"、"动物命令法之略说"、"地质系统及年代之对记表"等。

以"动物界之概略"中"动物之分类"的框架图为例，首先是点明分类必要之事项：化石物，比较解剖，发生之状态。然后以人们比较熟悉的"狮"为例讲解了动物分类的阶段：狮属于动物界——脊索动物门——哺乳纲——食肉目——猫科——猫属——狮种，这就非常浅显易懂，而且一目了然。最后才引出动物界的分类。和很多动物学教材或者辞典的编排体例不太一样，《动物学大辞典》是从人们习见的脊索动物开始，最后才到原生动物。第一门是脊索动物，包括三个亚门：脊椎动物、头索动物、尾索动物。从第二门到第八门分别是节足动物、软体动物、蠕形动物、棘皮动物、腔肠动物、海绵动物、原生动

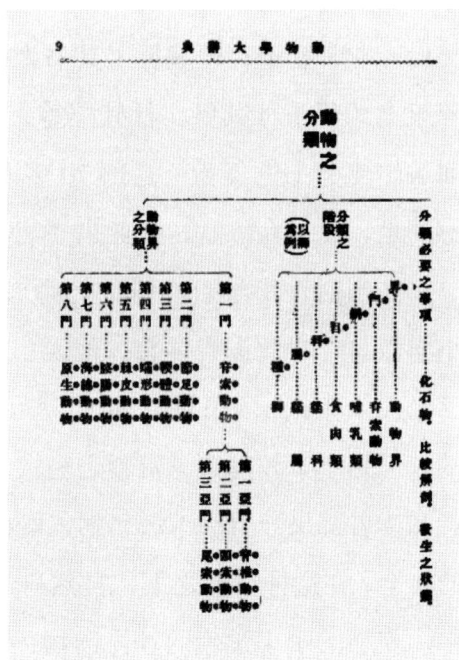

动物之分类

物。这样的知识框架图，能让读者对动物的分类有一个清晰、直观的认识。

《动物学大辞典》可以说是《植物学大辞典》的姊妹篇，对确定

动物的译名、引入西方近现代动物学知识、为普通学习者和专门研究者提供资料，起到了很大的作用。

（二）《小学自然科词书》

在杜亚泉晚年编纂的工具书中，《小学自然科词书》是比较重要的一部。1932 年，一·二八事变爆发，上海惨遭炮火蹂躏，商务印书馆被迫停业，杜亚泉也只得离开商务，暂时回乡。虽然他当时的境况已经非常窘迫，但编纂工具书为教育服务的痴心未改。回乡后，杜亚泉邀约侄子杜其堡、杜其垚等人编纂《小学自然科词书》。因有先前编辑工具书的经验，这部 70 多万字的词书一年半即告完工。但遗憾的是，此书完稿后，杜亚泉一病不起，未及出版便溘然长逝了。

在当时，小学自然科的教师参考书奇缺，杜亚泉编写过大量中小学教材，对此深有体会。他说："小学校有了理科或自然科的课程，已经几十年；而国民对于自然科学的常识绝少进步。其原因虽不止一端，但是小学教师参考资料之短缺，和小学生补充读物之不足，使教者和读者都呆守着一本教科书，既感兴趣的贫乏，又没有考证和旁通的机会；在这种情况之下，自然科学的常识不易进步，自系当然的结果。现在关于小学生的补充读物：如儿童理科丛书，少年自然科学丛书等，陆续印行，为数似尚不少，而可供小学自然科教师用的参考书还是没有。因此便决意编著一部专供小学教师用的小学自然科词书，以补此憾。"[①] 从这段话里，我们可以察知杜亚泉编辑此书的一片

---

① 杜其堡、杜亚泉、杜其垚等：《小学自然科词书》，商务印书馆 1934 年版，王云五序。

苦心。据说，此书编成后，世界书局曾出高价购买书稿，但杜亚泉想助商务印书馆复兴一臂之力，还是坚持放在商务出版。

1934 年 3 月，在杜亚泉逝世三个月后，《小学自然科词书》在商务印书馆出版刊行，仅一个月即再版。王云五亲自作序，对此书给予了高度评价："其所以补充小学教师的科学知识者，可谓详尽。我深信本书出版，当予小学自然科教师以很大的帮助，故亟付排印。"[1]

《小学自然科词书》的读者对象主要是小学自然科教师，兼及一般读者，按照广义的自然科范围编辑。凡是自然科学和应用科学的名词术语，只要是小学自然科范围所及的，有一定参考价值的，都尽量采入。和杜亚泉以往所编写的工具书一样，该书条目也是按照笔画排序，凡是同物异名，或者数名同义者，都分条列举，选取最适当者为正条，其余为附条，注明"见某条"于其下。另外，关于我国固有产物，旁征博引，不厌其详，专名及术语之下，还附上西文名，以便读者参考。该书还附有西文索引及四角号码索引，并另编分类索引，使读者可以通览各科所含条目，以便查阅。有些名词，和几种学科都有关系，比如"食品"

《小学自然科词书》索引目录

---

①　杜其堡、杜亚泉、杜其垚等：《小学自然科词书》，商务印书馆 1934 年版，王云五序。

一条，可以归入食品类，也可以归入生理或卫生等科，为了编写和查阅的方便，就只归入某一类中。[①]

这部辞书和其他大部头的工具书相比，所收词条并不算太多，但是涵盖的内容非常广泛，包括天文、气象、物理、化学、矿物、地质、地文、动物、植物、生理、工程、农业、化工、建筑、摄影等。编者很好地把握了一条原则，凡是不属于小学教材范围的，概不滥入。对每一个条文的说明，多的有千把字，少的也有百余字，平均约三百五十字。所以对条目的取舍、详略的把握，是掌控得非常好的。对小学教师来说，十分实用，而且深入浅出，通俗易懂，也可供一般的爱好者使用。

虽然《小学自然科词书》出版时，杜亚泉已经与世长辞，而且在版权页上，他的名字也只是排在第二位，但是，如果没有他的大力推动，并变卖家产成立"千秋编译社"组织亲友进行编写，是不可能有这部书问世的。这也应该算是杜亚泉对商务印书馆工具书出版的最后贡献。

除了这两部工具书，杜亚泉主持、由其侄子杜其堡编写的还有一部《地质矿物学大辞典》。这些工具书，到现在仍然还有很高的参考价值，甚至有的条目，目前还没有其他辞书能够代替。

四、潜心著述

在商务印书馆的前 15 年，杜亚泉主要编写教材和主编《东方杂

---

① 参见杜其堡、杜亚泉、杜其垚等：《小学自然科词书》，商务印书馆 1934 年版，凡例。

志》，个人著作并不多。及至从《东方杂志》离职后，他终于有时间在个人著作上倾注精力了。目前能找到的杜亚泉的个人著作，基本上都集中在这一时期。他的个人著作，几乎没有关于自然科学主题的，大多是和历史哲学相关的内容，主要有《辛亥革命史》、《帝制运动始末记》、《欧战发生史》、《大战杂话》、《俄国大革命记略》、《东西文化批评》（上册）、《甘地主义》，以上7种收入"东方文库"；此外最重要的有《人生哲学》和《博史》。

（一）《人生哲学》

《人生哲学》于1929年8月初版，是杜亚泉的代表作之一。章锡琛评论说，"《人生哲学》尤为君精力之所萃云"[①]。这本书的写作经历了六七年，全书综合了中西诸家学说，运用心理学、伦理学、社会学等理论，以人生的发展为主线，对人生进行了周详的剖析。

这本书凝聚了杜亚泉的调和统整论思想。他认为生物学、心理学、社会学、伦理学都可根据唯生论勘定价值，因此人生哲学"成立后，现代纷杂的思想界，将有统整的希望。十八、十九两世纪，为西洋思想分化的时期；至二十世纪，将入统整的时期。思想的统整，为社会安定的先驱。西洋各国，许多的社会问题，或从此可以和平解决。至于我国，在最近的三四十年间受西洋思想的刺戟，社会间发生种种变动，至呈杌陧不安的现象。西洋思想，既入统整时期，则其对于我国思想界影响，亦必伟大。况且我国故有的儒家哲学，本以人

[①] 章锡琛：《杜亚泉传略》，载许纪霖、田建业编：《一溪集——杜亚泉的生平与思想》，生活·读书·新知三联书店1999年版，第17页。

生为中心的；孟子所谓'生道'二字，就是'人生哲学'的古义。儒家哲学，统一吾国思想，垂二千余年；在过去时期中，以著相当成绩。"① 从杜亚泉的这段话中我们可以清楚地看出，他写这本书的目的正是期望用儒家的传统哲学来统整西洋哲学，以解决民生问题。他甚至还把孙中山先生的三民主义的哲学基础也附会为人生哲学——人生哲学从政治的立场说，就是民生哲学，他满怀期望地说："用民生哲学来统一现代国民的思想，在最近时期中，已收特殊的效果；在将来的时期中，其效果将益益伟大。一切国际问题，国内的政治问题，都可以随着民生问题，同时解决了。"②

这本书也体现了杜亚泉折中调和的中庸思想。"万物并育而不相害。道并行而不相悖。小德川流；大德敦化。此天地之所以为大也。"③ 海纳百川本身就是中庸的应有之义，故杜亚泉试图用传统哲学来统整西洋哲学，也就不难理解了。

杜亚泉重视人生，这种以人为本，重视民生的指导思想从儒家那里也是能找到渊薮的，《中庸》说："道不远人，人之为道而远人，不可以为道。"④ 荀子也说："道者，非天之道，非地之道，人之所以道也，君子之所道也。"⑤ 杜亚泉之所以重视人，重视人生，从此处可以找到答案。另外，杜亚泉始终认为改造人生的内核必须是"形而上的道"，也就是传统儒家思想，而西洋科学只能是用来整理"道"的"形而下的器"，也就是新瓶装旧酒，即可完成对传统的改造，更准确地

---

① 田建业编校：《杜亚泉著作两种》，新星出版社 2007 年版，第 3—4 页。
② 田建业编校：《杜亚泉著作两种》，新星出版社 2007 年版，第 4 页。
③ 《中庸》第三十章。
④ 《中庸》第十三章。
⑤ 《荀子·儒效》。

说是转换。

蔡元培曾给予《人生哲学》很高的评价："先生此书，说机体生活及精神生活，占全书三分之一，以先生所治者为科学的哲学，与悬想哲学家当然不同也。先生既以科学方法研求哲理，故周详审慎，力避偏宕，对于各种学说，往往执两端而取其中，如唯物与唯心，个人与社会，欧化与国粹，国粹中之汉学与宋学，动机论与功利论，乐天观与厌世观，种种相对的主张，无不以折衷之法，兼取其长而调和之；于伦理主义取普泛的完成主义，于人世观取改善观，皆其折衷的综合的哲学见解也。"①可见蔡元培也认为《人生哲学》是体现着中庸思想的。

（二）《博史》

《博史》是一本关于游戏的小说。说来很奇怪，以杜亚泉稳健持重的性格，怎么会专门写这样一本书？难道是事业失意之后的放纵恣肆？其实不是，杜亚泉写这本书，有他的用意在里面。

《博史》对我国历史上各种博弈，以及西洋棋牌等的渊源和演变，做了考证和研究。马将（麻将）和象棋在中国极为流行，对它们的起源，一直有种种说法。麻将起源于中国应当没有什么疑义，对于象棋的起源，当时的西洋学者大多说源于印度。杜亚泉不同意这种说法，他认为象棋由中国古代博棋转变而来，西洋象棋也是根据中国象棋稍微做了一些改变发展而来的。他甚至把这种游戏的演进比附为生物进

---

①　蔡元培：《书杜亚泉先生遗事》，《新社会》第六卷第二号，1934年。

化的情形，进而怀疑西洋的纸牌都是由中国传去的，说马吊牌是西洋纸牌的鼻祖，并考证它是某次战争时流入欧洲的，和印刷术的流传大有关系。可见，哪怕是游戏，杜亚泉也"自豪"地认为，万流出于一源。

在《博史》一书里，杜亚泉详细介绍了自己和家人经常玩的一种"乐客戏"。可能是担心别人批评自己玩物丧志，他解释了为何会喜欢这种游戏。杜亚泉自小苦读诗书，塾师要求严格，导致他从小肠胃就不好。而历经国事变乱，心情抑郁，加上自修数理等自然科学，脑力大伤。到商务印书馆后，成天埋头于案几，不免头脑昏沉。要散散步吧，大上海又没有泉林丘壑；要和朋友谈天说地吧，同辈成家之后各有各的私事，并不能时时如愿。因此，他要消遣休闲，只能想其他的法子。最初是和家人打麻将，后来觉得麻将胜负的偶然性太大，投机的成分太多，不好玩。恰好他的子女中有人在西洋教师家庭里学会了乐客戏，回家后教给了他。他试着玩了一段时间，慢慢体会到其中的妙处，兴味大增，经常组织家人玩，不觉一玩就是五六年。后来孩子们慢慢长大，各自要为衣食奔走，参与的人越来越少，杜亚泉觉得甚是可惜：这么好玩的游戏不会像《广陵散》一样失传了吧？于是在1932年1月，不顾朋友劝告——朋友觉得这个没什么意义，把乐客戏的玩法详细记述了下来。

这个游戏的玩法，自然不是我们关注的重点。杜亚泉之所以非要把乐客戏谱详细记录下来，最主要的原因，是以此阐发博弈游戏与社会生活的关系，指出游戏是以抽象的生活代表具体的生活，以幻想的生活改换实际的生活。他认为"人类对于游戏的兴趣，与其对于生活之兴趣，实出于同一根源，即现代哲学家所谓'生活意志'

者。因而凡游戏之性质，愈与人类之生活相肖者，其兴趣亦愈为浓厚"①。我们常说"棋品如人品"、"麻将如人生"，大概也就是这样一个意思。

杜亚泉之所以特别钟爱乐客戏，是因为他觉得乐客戏和人生最为相似。掷骰子、抓阄偶然性太强，胜负纯属靠运气；围棋、象棋又几乎全凭个人能力，胜负几无运气的成分。而人生既需要一定的外部环境，需要靠机遇、运气，又需要自身不断努力，提高自己的能力，事业的成败总是既有内因也有外因。在这一点上，只有乐客戏最相接近。而且，乐客戏的规则里面，很多和政治社会生活颇为相近，比如"定席及分党"、"预算及决算"、"道德之规律"、"政权之运用"、"反对党之手段"、"政府党之拥护"、"主席之策略"等等，"政府党"和"反对党"的设置又特别像杜亚泉所欣赏的两党制政治。也许杜亚泉在暮年之时，通过乐客戏来对他政治上的理想聊以自慰，在他当乐客戏的"主席"时，运筹帷幄，想必也是乐在其中吧。

杜亚泉通过自己的亲身经历，认为"人类日夕勤动，不可无娱乐之事，以慰安其精神，舒展其体力，此无论都市与农村，皆当注意及之者也"②，所以他写《博史》，并非是一时兴之所至。

《博史》的出版之路比较坎坷。杜亚泉写东西向来不留副本，写《博史》居然一改平素习惯，留了副本放在上海的寓所。一·二八事变，上海突陷战火，杜亚泉携家眷匆匆逃难，未带一物，本以为书稿已经化为灰烬了，没想到停战后亲友去其寓所收拾残余，发现其他东西几乎都已毁于炮火，唯此书稿尚完好无缺，于是帮杜亚泉寄

① 田建业编校：《杜亚泉著作两种》，新星出版社 2007 年版，第 231 页。
② 杜亚泉：《农村之娱乐》，《东方杂志》第十四卷第三号，1917 年。

到乡间。书稿失而复得，杜亚泉自然珍爱有加。只是此书图画稿已交东方杂志社制版，而东方杂志社和商务印书馆一起，既遭炮火轰炸，不留片纸，杜亚泉只能依靠记忆，重新画图。该书最后由开明书店出版。

五、推动仪器标本制作

无论是编写教材还是教参，乃至培养师资，都离不开仪器和标本。杜亚泉很早就认识到这一点。在他的倡导下，商务很早就创设了仪器馆，供学习和观摩动物、植物、矿物以及生理诸科之用。同时，商务还开办了标本仪器实习所，招收学员，以此来培养自制仪器、标本、模型的人才。杜亚泉经常到实习所义务授课，开当时风气之先河。

中国最早的仪器馆，是1901年创设的科学仪器馆。科学仪器馆创设以前，上海滩基本上没有什么仪器可供购买。药房里有些试管、烧杯，是调试药品用的；五金店有些望远镜、卷尺，是供测量用的，并没有专门用于科教的仪器店。而且这些仪器几乎没有国产的，主要是从日本进口。标本就更不用说了，十分少见。这些标本和仪器价格高昂，一般的小学校、小出版企业根本买不起。科学仪器馆创设以后，不满足于单单做进口售卖的生意了，自己也制作一些仪器，除了玻璃器皿，其他很多仪器都能够自制。而且还很注意制作标本，以至宁波柴桥有很多家庭以制作动植物标本来谋生。这和以前相比是一大进步。

不过，后来人们看见制作标本仪器有利可图，便纷纷涌进这个行业，都是小作坊性质，竞争激烈，不得已便偷工减料、压缩成本，有点像现在的仿冒产品，徒有形式而已。当时教育事业很不发达，教育经费没有稳固的保障，标本仪器的销售也没有多大的市场，所以标本仪器事业日渐呈现出破败之象，很多标本仪器经营店都是靠兼卖文具勉力维持。

杜亚泉长期从事自然科学教材的编写工作，深知仪器标本的重要性。在他的倡议下，1912 年，商务印书馆增设博物部，制作标本模型。最初和科学仪器馆差不多，由贩卖而至自己制作，没有什么科学的规划。杜亚泉卸任《东方杂志》主编后，时间上比以前充裕了许多，又分管博物这一块，便腾出手来给仪器馆很多指导。以前的很多计划，因为种种原因，没有实施，现在则又重新筹备，周详谋划。在他的努力下，商务印书馆在标本制作方面，有了很大起色。以前的标本，植物、昆虫等还好采集一些，矿物则难以寻觅。他曾经把砾岩的样子，交给山里人，请他们去寻找，结果六个人找了两天，找到的没有一块是砾岩。后来，他先在书籍上考订产地，然后依据产地请各分馆代为采购，甚至请地方官矿局帮忙，果然很有成效，延长的石油、泰山的长石、百色的水晶、大冶的铁矿，都找到了。有的地方，委托别人难以办到的，就派人亲自前往收集。周榕仙就被他派到景德镇去收集瓷土，虽然景德镇严禁把瓷土带出，地方上有人武力阻挠，但经过多方打通关节，终于成功。

这些投身于仪器和标本制作的热心员工，目的是为了教育，在搜集标本的过程中，他们吃了不少苦。那时候经济、技术都不发达，社会也十分不稳定，所要付出的艰辛，并不是常人所能揣度的。周榕仙从景德镇返沪途中，夜宿航船之上，溪水暴涨，差点船翻人亡。在制作螟蛾发育标本时，要在螟蛾出现以后的三天内完成采集。采集人员在沪宁、沪杭路沿线，到处托人打听，得知嘉兴出现螟蛾后，商务印书馆仪器标本实习所实习生周志俊带领工人前往捕捉，半夜 12 点起床，从旅馆步行到田野，提着灯笼诱捕螟蛾，黎明时分方才返回旅馆，而且还不能休息，要马上进行制作。天气炎热，一行人每晚只能休息三四个小时，没有奉献精神，是很难做到的。那时所售卖的螟蛾发育标本，都是周志俊制作的。杜亚泉因为常去实习所讲课，与周志俊有传道之谊，周志俊后来染脚气病死于宿舍，杜亚泉再看到这些标本，物是人非，不胜唏嘘。[①] 这个实习所当时为商务印书馆造就了大批人才，对社会贡献也很大。至于战火纷起，这些人散落各地，已经是杜亚泉的身后事了。

杜亚泉对科教事业的兴趣，一面在于科教事业对教育的推动，一面在于他崇尚实用之学，认为实业是救国的重要途径，归根到底是他经世致用思想的反映。周榕仙是他的表侄，在商务印书馆从事过多年的仪器标本制作工作，1936 年，周榕仙从商务印书馆脱离出来自行创业，开办中国仪器厂，也就是上海地质仪器厂的前身。周榕仙受杜亚泉的影响很大，他投身于此也是为了继承杜亚泉的遗志，认为这是后来人的责任。杜亚泉的堂弟杜春帆，家境比较困难，杜亚泉就建议他办厂造墨汁、墨水，不仅从日文书中查找生产工艺、配方来进行技术上的指导，还投钱进行资助。最初不过是一个小作坊，后来慢慢发展壮大，新中国成立后与其他厂合为鼎鼎有名的上海墨水厂。

---

① 参见杜亚泉：《商务印书馆筹备新制高小应用仪器标本的经过》，《自然界》第一卷第一期，1926 年。

六、卷入劳资纠纷

杜亚泉生性敦厚，在他的一生中，除了因退休金的事情和商务略有一些不愉快之外，绝少看到他为自己物质上的利益与人争执。不过，为同事和下属争取权益，他却是不遗余力的。据张元济日记记载："（1912 年）五月二十九日，亚泉为杜山初、许善斋二人自阳历七月起多担任杂志编辑事，伊自己抽出时间编理科教科书，故请加杜、许二人薪水每月十元。七月十二日又来说，骆绍先办事颇勤，亦要求加十元。"[1] 而近代著名教育家和翻译家凌昌焕，杜亚泉不仅介绍他入馆，还为其薪水一事反复与张元济磋商。"（1912 年）六月十四日，凌文之由亚泉介绍，亦招请到馆。并约能即来最好。月薪六十元。"[2]"（1912 年）十月二十一日，亚泉来言，凌文之称，有人邀任教习，月薪八十元。为家累计，不能不弃少就多。亚泉来问如何。且言，因去遽加薪水，殊不好看，或允俟明年加赠，论其能力亦尚值得，云云。与梦翁商，允之。"[3]

在商务前期，杜亚泉说话有一定的权重，这些问题也都没有累积成多大的矛盾。而王云五入馆以后，疾风骤雨般推行改革，涉及人、财、物等诸多方面，引起馆内老人不满。特别是 1930 年 2 月，商务请王云五二度出山，担任商务总经理，经过在国外的考察学习，王云五准备推行科学管理法，更是引起了馆内许多人的强烈反对。杜亚

---

[1]　张人凤整理：《张元济日记》（上），河北教育出版社 2001 年版，第 2 页。

[2]　张人凤整理：《张元济日记》（上），河北教育出版社 2001 年版，第 4 页。

[3]　张人凤整理：《张元济日记》（上），河北教育出版社 2001 年版，第 11 页。

泉大声呼吁，"解决劳资问题要讲理不要讲力"，他认为，无论劳方资方，都没有做到讲理不讲力。中国过去之所以很少发生劳资问题，是没有深刻认识到劳资关系，以为资本家既然出资设立企业，所有权、管理权等其他一应主权均归资本家所有。现在劳方应该揭露资方的欺压贪诈，而不仅仅以革命的群众、新势力团体自居，不和资方讲理。资方对于劳方的合理要求，也不应当因为自己的力量足以压制劳方而置之不理。杜亚泉认为，八小时以内的薪酬应当满足劳动者基本的生活需求，而不必靠加班加点。否则，既是自己甘于接受资方的压迫，又挤占了其他人的就业机会。

1931 年 1 月，科学管理法准备付诸实施时，遭到了商务印书馆四个工会的联合反对。科学管理法由《科学管理法计划》报告和《编译所编译工作报酬标准试行章程》两个文件组成。《科学管理法计划》报告长达 3 万字，涉及预算制度、成本会计制度等 12 个子计划。《编译所编译工作报酬标准试行章程》共 26 条，主要内容就是将编译所的工作分为著作、翻译、选辑、校改和审查五类，著作、翻译两类分为八级，每千字 2—8 元，选辑工作分为五级，每千字 0.50—1.50 元，校改工作分为六级，每千字 0.50—2.00 元，并订出编译人员每日生产的定额。审查以时间计算，每小时的定额为 15—20 千字。

该月，商务印书馆编译所职工会会刊专门出了一辑"反对王云五的所谓科学管理法专号"，比较详细地记述了编译所反对编译工作标准章程的始末，登载有杜亚泉等人的论文，以及召开新闻发布会的情况、社会各界特别是各报纸的议论等。馆内对王云五的科学管理法中针对工作量的标准化管理诟病最多。编辑的工作量确实很难采用完全的量化管理，人毕竟不是机器。而王云五自己有些做法又容易让人抓住把柄，比如他对名利看得较重，对一些老员工也比较苛刻。商务印书馆编译所英文部部长邝富灼，本来是华侨，英文极好，是商务早期的大功臣，为商务立下过汗马功劳。茅盾刚刚进馆时，就是在邝富灼手下做事。王和邝在工作上有些分歧，便经常直接插手干预英文部事务而不通过邝。两人嫌隙越来越深，终有一天邝忍不住胸中怒火，将王云五大骂了一通，而结果就是邝在离退休不到几个月时被迫去职。商务印书馆的元老之一江伯训便认为，"本所以工作标准问题，竟演三十年来未有之怪剧"，并举张元济为例，认为张元济的管理模式更为民主，更至公无私。①

　　此时杜亚泉虽然已经处于职业生涯末年，在馆中地位大不如昔，但依然深受许多同人尊重。特别是他的绍兴同乡，依然以他为主心骨。1931 年 1 月 19 日，商务印书馆编译所职工会在一枝香举行招待各界晚宴，受杜亚泉之约，杜亚泉老友、商务印书馆编辑寿孝天也出席了此次晚宴。当日午夜，他写信给杜亚泉，说自己"素讷于言，不克在席上发表，今修此函，亦尽我维护责也"②。寿孝天提出，科学管理法是否为中国实业界所需要，要画一个问号；而王云五的科学管理法是否就是欧美的科学管理法，也要画一个问号。他说，"观其所定编译工作报酬标准，欲用物物之法，物不物之物，是犹量天以尺，升天以阶，必不可行，无待于试"。此事的解决办法，只有两种，一是"由王先生自动取消前所坚持之科学管理法"，二是"由调解人劝王先

---

　　①　参见江伯训：《对于工作标准之感言》，《商务印书馆编译所职工会会刊》1931 年第 80 期。

　　②　寿孝天：《来信代论》，《商务印书馆编译所职工会会刊》1931 年第 80 期。

生取消所坚持之科学管理法"。①

关于科学管理法，杜亚泉采用"欲擒故纵"的策略，撰文称"我是赞成科学管理法的"，其实，他赞成的不是王云五的"科学管理法"，而是"由劳资双方的协议，把产业的管理权，置于科学方法之下，一切以合理而有系统为依归……双方当觅共同的出路，决不以压迫他方为能事"②的科学管理法。他认为不能把产业的所有权和管理权混为一谈，所谓管理权属于所有者，仅仅只是法律上的原则，实际情形可能不是如此，很多时候是掌握在既不是资方又不是劳方的经理层手中。他说："经理者在产业界上，任意专横贪黩无厌，一方压迫劳动者，以低微的佣给，为奴隶的役使；一方又欺蒙资本家，往往一入彀中，即刻亡家破产，惨酷无比……我国工商业疲敝的原因，实由于此。……经理的个人主义，一定要打倒他，决不容宽恕他，因为这种主义实在是劳资双方的公敌。"③这里可以明显看出杜亚泉对王云五的抨击和不满。他还是一如既往地坚持他的中庸与调和主义，期望劳资双方共同协商，不让经理层借资方的势力来压迫劳方，又借劳方来恫吓资方，只有这样，才能兼顾双方利益，才是科学的管理法。

杜亚泉的有些观点，比如关于管理权的归属，是值得商榷的，但他说要兼顾劳资双方的利益，则充满了人文关怀。他的有些看法是相当深刻的，比如他说世间万物没有只有利而无害的，人要对其调剂

---

① 寿孝天：《来信代论》，《商务印书馆编译所职工会会刊》1931 年第 80 期。

② 杜亚泉：《我是赞成科学管理法的》，《商务印书馆编译所职工会会刊》1931 年第 80 期。

③ 杜亚泉：《我是赞成科学管理法的》，《商务印书馆编译所职工会会刊》1931 年第 80 期。

之，利用之，则可发挥最大的效用，对待科学管理法也应如此，只要是真正地符合劳资双方利益的真正的科学管理法，一定会对事业有正向的促进作用。

王云五面对这样的阻力，采取迂回战术，主动宣布撤回全部方案，从 2 月开始，尽量避开直接针对"人"的改革，转而从其他方面着手，"其一是采行出品及原料的标准化。其二是尽量利用原有机器，减少不必要的新购机器。其三是研究各生产单位之相互配合等等"①。后来实践证明，王云五的管理法起到了比较大的效用。其实，他的这种改革并非全无道理，否则也不会得到商务高层的鼎力支持。

不管怎么说，杜亚泉在这次劳资纠纷中的表现，可能让商务高层心里不太舒服。不过，第二年，上海战火燃起，商务印书馆被迫停业，劳资纠纷也暂告一段落了。

---

① 俞晓群：《中国出版家·王云五》，人民出版社 2018 年版，第 114 页。

第六章

不尽悠悠身后事

1932 年 1 月 28 日深夜，寒冷异常，从元旦以来就下个没完没了的雨让整个上海都阴郁无比。突然，刺耳的枪炮声打破了寒夜的寂静，日军在坦克的掩护下悍然向中国守军发动攻击，一·二八事变爆发。29 日凌晨，日军战斗机从黄浦江上的航空母舰上起飞，轰炸上海闸北华界。位于宝山路的商务印书馆和当时最大的私人图书馆东方图书馆均被炸毁。灾民号泣奔走，四散逃难。杜亚泉在闸北的寓所也未能幸免，于是星夜带家眷逃往乡下，除随身衣物外，所带无几。自此，杜亚泉离开了他为之服务了一辈子的商务印书馆，也离开了承载他事业梦想的上海。

一、重义轻利，鞠躬尽瘁

杜亚泉家境本来是比较殷实的，他的家族在当地也可以说是望族，父亲还有能力资助他在上海自办学馆、期刊。但是他自己在经营方面实在是既无经验，也无兴趣，所以单从商业上看，他不能算是个成功者。

杜亚泉在商业上不成功，除了确实缺乏这方面的经验之外，时局动荡、民生凋敝也是原因之一，而最重要的原因，是他根本没有把他的事业当一门生意来做。他称得上"重义如泰山、轻利如鸿毛"，始终对儒家仁义至上的价值观躬行践履。他有为社会谋文化之建设的担当，不追名，不逐利，只为他的文化理想。他正是"以职业文化人兼思想启蒙者（或以改造社会为使命的）理念型出版人"[①]，这种出版人秉持了知识分子的道德精髓，有一种文化使命感，虽然他们的出版活动也许并不与谋利相抵触，但是他们首先关切的是更好地传播文化思想。杜亚泉便是这类出版人的典型代表之一。周榕仙曾评价杜亚泉："而自奉淡泊，不喜功利。有热中者，辄面斥之。故拜金主义之徒，见先生莫不有愧色也。先生对于工商企业，只谈如何改进，不谈如何获利，尝谓赚钱非人生最终目的，不论何业，应以服务社会发展社会为职志，须善用财而不为财所役也，中国之守财奴，外国之托辣斯，均失中庸之道，慎弗学也。"[②] 杜亚泉不仅仅是这么说的，也是这么做

---

① 博玫：《中国近现代出版理念与知识分子现代性转型的内在关系》，《浙江工商大学学报》2010 年第 5 期。

② 周榕仙：《杜亚泉先生传》，《仪文》1948 年第 2 期。

的，这可从他一辈子的出版实践活动中得到明证。

好在他在商务印书馆基本上不用考虑商业经营的事。以杜亚泉在馆内的资历和职位，衣食无忧、中上之家是肯定没问题的。而且他累年稿费所得，应该也不在少数。尽管家里人丁不少，正常情况下，一家人过比较安逸的生活并不难。杜亚泉生性淡泊，自奉甚俭，对家人也要求颇严，那为什么后来家境如此窘迫呢？

杜亚泉是一个温和的理性启蒙主义者，但在事业上又是一个"浪漫的理想主义者"。他总是沉浸在一种近似于乌托邦的幻想中，总想靠自己的努力去实现科教救国的梦，虽屡败而无悔。前期办科学期刊，几经失败，后来在商务印书馆，提出的一些编写计划，被高层出于经济方面考量而否定。职业生涯末年，既然在商务已经失意，和高层分歧也越来越大，1931年，杜亚泉曾经两次提出退休。按照商务印书馆当时的政策，他退休后可以领到大约1万元的退休金，这不是一个小数目。王云五跟他说了很多恭维的话，总的意思就是您是商务元老、馆中股肱，不能退休。这话是不是肺腑之言不好说。于商务而言，杜亚泉当然是做出过巨大贡献的，但此时他对王云五来说还有没有那么重要，确实需要画一个问号。最终杜亚泉没有退休，自然，这1万元的退休金也没有发给他。

及至"一·二八"战火一起，杜亚泉仓皇之间，挈妇将雏逃难，先到松江，发现连坐火车到杭州的路费都没有，后来在朋友的资助下才辗转还乡。数九隆冬，一家老小亟须添置衣服，老屋不曾长住，很多生活必需品也要重新购置，只好变卖了十多亩田产来应急。沪上战火刚一停歇，杜亚泉为生计所迫，回上海打探商务印书馆的消息。商务印书馆所受损失，非常惨重，遣散了编译所的编辑人员，杜亚泉所能领到的遣散费不过 4000 元，不到原来可以领到的退休金的一半。起初，杜亚泉非常气愤，本来覆巢之下，岂有完卵，退休金的数额打折扣已在预计之中，只是没想到这样没分寸，远远低于他的预期，决计不肯答应。王云五托杜亚泉老友丁榕说情，备述馆中困难，不能为杜亚泉一个人破例增加遣散费，如果杜亚泉不答应，这笔费用就只好暂存馆内；如果杜亚泉肯迁就，则将来会聘请杜亚泉做馆外编辑，月薪 100 元。时局如此动荡，杜亚泉等米下锅，在商务服了一辈子，对商务的感情肯定是有的，何况老友来说情也确实不好不给面子，于是便同意了。

领了这 4000 元后，杜亚泉做的第一件事是跑到虹口内山书店买了 400 多元钱的书。在这么拮据的情况下一口气花出去这么多钱，是因为他要继续他的出版计划，编写《小学自然科词书》。至于那时虽已入夏，而身上穿的依然是冬天的厚布长衫，却是顾不上了。[1] 他邀请两位商务印书馆的旧同事，以及在商务服务过的本家侄子，成立了千秋编译社。"千秋"者，一是杜亚泉故乡古名，二乃千秋万载之寓意，只是没想到，天不假年，《小学自然科词书》居然是他编写的最后一部书了。在故乡的最后两年，杜亚泉身体已然非常不好，但初心不改。杜耿苏回忆道，"每到夜晚则大家秉烛畅谈，或看他灯下写稿"，病时依然"力疾执笔"，毫无懈怠。[2] 可惜的是，他最终没能看到这部书出版。

杜亚泉晚年生活拮据，除了出版上颇多亏损外，和他热心教育

---

① 参见杜耿苏：《杜亚泉：商务印书馆初创时期的自然科学编辑》，载《绍兴县文史资料选辑》第一辑，1983 年。

② 参见杜耿苏：《杜亚泉：商务印书馆初创时期的自然科学编辑》，载《绍兴县文史资料选辑》第一辑，1983 年。

也有很大关系。杜亚泉一直对兴办教育抱有莫大的热情。某种意义上说，杜亚泉对办教育的兴趣比做出版还大，而教育更不是一种赚钱的营生。1898 年，蔡元培聘请他担任绍兴中西学堂的算学教习，这算是他投身教育的开始。在绍兴中西学堂期间，他的思想往往偏于革新，和一些守旧人士格格不入，蔡元培去职之后，他也随之离开。1902 年，杜亚泉任浔溪公学校长，锐意改革，购置大量图书和实验器材，为传播新学不遗余力，甚至夫人身故，他也因为校务繁忙而耽误月余才回家理丧，这在我们看来，既是无情也不太可以理解，而其对教育之专注则足可印鉴。他在浔溪公学开学典礼上演讲："是则诸同学在校或他日出校之责任，第一当研求科学以补东洋文明之不足，第二研究固有之文明，与西洋之文明包含而化合之，以表章一绝新之文明于十九周之后，以为东洋之特色，亦庶乎无愧为今日东洋之男子耳。"① 可见，他把西方科技的传播当作教育的第一要务，虽然目的是为了结合固有之文明而化合成一新的文明，但他毕竟指出了当务之急是什么。正是因为在浔溪公学耗费的精力过大，终于导致《普通学报》的经营不善乃至停办。浔溪公学学潮复起，杜亚泉竭力周旋无效而不得不辞职，但是他投身教育的痴心未改。1903 年，他离沪返乡与宗能述、寿孝天等人创办越郡公学于能仁寺，自己担任理化和博物的教员，没过多久，便因为经费捉襟见肘而宣告停办。1905 年，杜亚泉在蔡元培所办的爱国女学担任理科教员，与"寿孝天王小徐诸君均为不支薪俸之教员"②。1906 年，他与族叔杜海生东渡日本，主要目的便是考察日本的教育。1924 年，杜亚泉又在上海创办新中华学院，

---

① 杜亚泉：《浔溪公学开校之演说》，《普通学报》第四期，1902 年。
② 蔡元培：《书杜亚泉先生遗事》，《新社会》第六卷第二号，1934 年。

自任教授训导之责，力倡敦朴的学风，希望学生们毕业后能够深入乡村，从事农村教育及合作事业。杜亚泉既不请达官贵人做靠山，又不设立校董会，就是希望学校能够按照自己的谋划发展。大概招生人数不到四十人，学费与开支相比，入不敷出。杜亚泉认为青年人正在长身体，营养不能缺少，有一次去厨房巡查，发现伙食不怎么好，便指示厨房每桌加鸡蛋一碗，厨房说，好办，拿钱来。这样的书生意气，毕竟和实际生活有些脱钩，开办新中华学院三年，他几乎把所有家产都耗费在上面，变卖了商务印书馆的股票，还负债两三千元。个人的力量毕竟是有限的，1926 年，新中华学院还是因为校款支绌而停办。即便如此，在他退休后，仍不能忘情于教育，应绍兴稽山中学的聘请，担任义务教师，每周往返，"他要自己付出舟金三元多，并供应船工膳食。他既不领讲课报酬，稽中当局虽几次要送旅费，他也婉谢"①。蔡元培曾谈及杜亚泉："而最所热心者，则在教育。常欲自办一校以栽植社会需要之人才，初拟设于其乡之诸葛山，嗣拟设于绍兴县城之塔山。如何建筑、如何设备、如何进行、如何由中学扩充为大学，每一谈及，兴高采烈，刻日期成，格于情势，未能实现。"② 其实，杜亚泉自从绝意仕进后，就把教育看作自己一生的事业，他希冀通过这种方式，来启发民智，唤起国民奋发图强的勇气和决心。

杜亚泉对自己的生活是不以为苦的，一箪食，一瓢饮，不改其乐。据他自己说一辈子没坐过小汽车，孩子们放假回家，搭出租车载

---

① 杜耿苏：《杜亚泉：商务印书馆初创时期的自然科学编辑》，载《绍兴县文史资料选辑》第一辑，1983 年。
② 蔡元培：《杜亚泉君传》，载许纪霖、田建业编：《一溪集——杜亚泉的生平与思想》，生活·读书·新知三联书店 1999 年版，第 3 页。

行李，被杜亚泉看见会勃然大怒，责骂孩子们不够勤俭节约。周建人曾回忆，杜亚泉有一次听闻别人谈起有些改革了的国家人民生活艰苦，说："那倒是常态的，大家生活刻苦一点，倒是正常的现象。像有些人过分的物质享受，多数人却在饥饿，这才是病态的！"①他对普罗大众的劳苦和分配的不公，怀有深切的同情，而对自己和家人，未免显得苛刻。这正是一种大仁大爱，是对"仁义"最好的践履。

杜亚泉去世的那年6月，曾和友人诗道："鞠躬尽瘁寻常事，动植犹然而况人。"这真是他一生最真实的写照。

二、溘然逝世，家鲜盖藏

杜亚泉身长面瘦，肠胃一直有问题，身体本来就不算好，可以算是比较标准的文弱书生。而他长年累月地工作，也使得他难有稍许休息的时间。青少年时期负笈游学，自不必说。及至入沪，特别是在商务印书馆时，更加繁忙。每天早上要伏案写作一两个小时再去上班；中午从馆中回家，匆匆吃过午饭，往往也要利用午后休息一个小时的时间看书写作；晚上则更是经常工作到深夜，几乎全年无休。有一段时间可能是因为身体不适，晚饭后他要先上床睡两个小时，九点左右起床，然后写作到凌晨。这种工作和生活习惯，再加上从事的又是颇费精神的脑力劳动，很容易伤身体。杜亚泉不怎么爱运动，为数不多的休闲就是打几圈"卫生麻将"或者和家人一起玩乐客戏。他虽不

① 周建人：《忆杜亚泉先生》，载许纪霖、田建业编：《一溪集——杜亚泉的生平与思想》，生活·读书·新知三联书店1999年版，第13页。

爱喝酒，但烟瘾比较大，常抽的是一种黑褐色烟丝的香烟。工作既辛苦，生活习惯又不怎么好，加上时局动荡，屡遭丧乱，上海绍兴两地奔波，耗神耗力，所以杜亚泉看起来比一般人显老。周建人说他50多岁的时候，看起来就特别瘦、特别老了。他的儿子杜其在回忆起父亲来，印象就是一个身着布长衫，下穿扎脚裤，头戴瓜皮帽的老人。

一·二八事变后，杜亚泉逃难还乡，年近六旬，老妻多病，稚子待哺，他自己偏偏又不是一个肯轻易放弃理想的人，各方面都想兼顾，自然就得劳累不休，导致身体每况愈下。在《小学自然科词书》书稿完成后，他曾在暑假末去过上海一次，和周建人等会面时，显得更加衰老瘦弱。吃饭时，周建人注意到他虽仍然爱说话，但已经不如从前那样爱笑了。是啊，国事如此，家徒四壁，暮年已至，而少年时的那些梦，依然没有实现，怎么笑得出来？他骨子里仍然是一个倔强的人，知道自己身体不好，还坚持每周去稽山中学讲课，单程约九十华里，风餐露宿，在船上兀自秉烛夜读，入睡时间极少。那时，他已经抱病在身，在讲台上时时咳嗽，气喘不已，令人心疼。1933年，杜亚泉从9月起病，时好时坏，时卧时起，好转时能够起床看书写字，还曾写信告诉周建人，自己得了肺炎，经过治疗，已经好转不少，只是尚需时日疗养。其实他所患的是胸膜炎，胸口十分疼痛，呼吸窘迫，咳嗽不止。在那个缺医少药的年代，抗生素自不易得，医疗水平也比较低下，到11月，病情急转直下，已经完全不能起床了。他的次子是上海一所医专毕业的，当时专门在家护理他，本来打算从城里请西医来诊治，可是费用高昂，家境又窘迫，负担不起诊治费用，到病情十分严重时，才请来看了一次，那时已经于事无补了。

杜亚泉可能已经预料到自己的病情不治，便向家人交待，自己死后，可以领到人寿保险金六千元，先还清所欠亲友债务两千多元，应该还有余留可以办理后事。他又写信给王云五，请他在自己死后，再发馆外编辑薪金半年。不知道此事有无先例，或许他觉得商务印书馆在退休金一事上对他有所亏欠吧。这封信寄出去两天后，12月6日，杜亚泉就溘然长逝了。他生前所说的保险金估计是没有领到，不然不至于后来要借用族叔杜海生的棺材入殓，停尸两天方得盖棺。至于商务印书馆有没有继续发放半年薪金，不得而知。杜亚泉死后家里全部现金只有十几块钱，可以说是一贫如洗。堂弟杜耿荪受杜亚泉遗孀之托，进城与杜海生等杜家亲属商量办理杜亚泉后事，杜海生向商务印书馆求助，曾致信张元济转达商务印书馆，请馆中给予杜家帮衬，张元济和王云五联名回信，说馆中经济捉襟见肘，不能答应这个请求，但愿意以私人名义发起募捐，请在馆和离馆的杜亚泉故交予以帮助。杜家原来是不准备发讣告的，为此印了一批讣告请商务印书馆转发。① 蔡元培怜好友身后萧然，于12月21日撰写了《为杜亚泉逝世发通函》，该函内容如下：

> 径启者：杜亚泉先生逝世，身后萧然，几于不克棺殓，哲人厄运，闻者伤之。先生提倡科学，远在三十五年以前，埋头著书，亦积有三十五年之久。其编撰之作，整部出版于商务印书馆及零篇散见于各杂志中者，不胜枚举。嘉惠士林，无待赘述。因家本寒素，又不善积蓄，重以沪上"一·二八"之变，商务印书馆遭焚，职员均受损失；先生间道避难，损失尤大，以致影响生

---

① 参见杜耿荪：《杜亚泉：商务印书馆初创时期的自然科学编辑》，载《绍兴县文史资料选辑》第一辑，1983年。

计，此其老而弥困之情形也。遗孤中，尚有二人在中学时代，一女未嫁，此后支持，大非易事。凡我友朋，宜加存恤。倘赐礼物，希用现款，庶几积有成数，为偿还医药及举行薄葬之用；有余以备诸孤求学之资。仁者所施，实利赖之。谨为声请，诸维察照。①

蔡元培与杜亚泉交往多年，东西方文化论战虽未能支持杜亚泉，心里却从未抛下这位同乡挚友。以蔡元培的影响，加上张元济等的呼吁，杜亚泉生前交友本就较广，最后筹集了一千多元钱的赙金，才把杜亚泉后事办了下来。

第二年，张元济等怜悯杜亚泉身后孤贫，子女教育难以维系，又联名发布为杜亚泉子女募集教养基金的启事：

旧同事绍兴杜亚泉先生，不幸于上年十二月六日在籍病故。先生服务本公司垂三十年，遭国难后始退休归里；然犹任馆外编辑，至弥留前不辍。先生家本寒素，不喜积蓄，身后萧然，其夫人亦老而多病，稚女未嫁，二子在中学肄业，文士厄穷，同深悼惜。同事张元济，王云五，钱智修，周昌寿，蔡元培，何炳松，郑贞文，庄俞，高梦旦，李宣龚，付伟平，夏鹏诸先生以久契同舟，感深气类，悯其子女孤露，不可使之失学，发起为先生募集子女教养基金。开募以来，已收七百元之谱。高翰卿先生怜旧情深，特赠五十元。郑心南先生于月初匆匆过沪时，亦赠五十元。

① 陈镱文、亢小玉、姚远：《杜亚泉先生年谱（1912—1933）》，《西北大学学报（自然科学版）》2008年第6期。

> 王云五，李拔可，夏筱芳诸先生各赠巨数。其他诸旧同事亦各有捐赠，大约千金不难致也。庄百俞君有诗悼之。诗曰：卅年海上赋同舟，一度烽烟两地愁。博古通今穷物理，谈天说地为人谋。毕生无愧先知觉，垂死犹深后顾忧。文士寒酸何足异，宜将姓氏付千秋。语语皆记实也。①

这则启事里面庄俞的诗对杜亚泉的评价是恰当的，"毕生无愧先知觉，垂死犹深后顾忧"，杜亚泉在科学启蒙的道路上做到了鞠躬尽瘁、死而后已。

三、故交凭吊，羊碑犹泣

1933 年前后，日军加大了侵华力度，蒋介石则提出"攘外必先安内"，加大了对红军的"围剿"力度，新文化运动的旗手陈独秀也身陷囹圄，文化教育事业面临的处境十分险恶。杜亚泉作为沪上文化名人，在出版、教育等方面贡献良多，死时却家徒四壁，亲朋好友无不黯然神伤。张元济为之做了诔辞，蔡元培、胡愈之、章锡琛、周建人、张梓生、周榕仙都写了纪念文章，后来他儿子杜其在、堂弟杜耿荪也写了追忆的文章。他所义务任教的稽山中学，特地召开追悼会，撰写悼词、悼歌，隆重悼念杜亚泉，还派了师生代表到杜家设在乡间的灵堂祭拜，杜亚泉的两个儿子尚在稽山中学念书，也

---

① 张元济等：《为杜亚泉先生募集子女教养基金》，《同舟》第二卷第七期，1934 年。

受到了特别的优待。

　　这些悼念和纪念性的文章，大都对杜亚泉的逝世表达了深切的哀悼，肯定了他在出版、教育、社会活动方面的功绩。这些人都与杜亚泉有过直接的关系，蔡元培、张元济乃是故交好友，胡愈之、章锡琛、周建人、张梓生则与杜亚泉在商务印书馆共事多年，算是杜亚泉在商务的"后辈"，杜耿荪、周榕仙、杜其在是杜亚泉的亲属，他们都对杜亚泉了解颇深。他们的文章，基本上没有什么溢美之词，而是平实地记叙了杜亚泉工作、生活的情形。对于杜亚泉的生平，差不多都是相似的叙述。对于和陈独秀的东西方文化论战，则很少有人提到，即便提到，也是一笔带过。当然，因为这些文章作者的身份地位不同，和杜亚泉的关系不同，叙述的角度、选取的重点则各有不同。

　　蔡元培先后写了两篇纪念性的文章，一篇是《杜亚泉君传》，另一篇是《书杜亚泉先生遗事》。《杜亚泉君传》记述了杜亚泉从求学到入沪乃至服务商务印书馆二十八载的历程，尤其详细描述了杜亚泉在兴办教育和组织绍兴旅沪同乡会中发挥的重要作用。文章结尾说道：

　　　　人有以科学家称君者，君答曰："非也，特科学家的介绍者耳。"去夏六月，君赴龙山诗巢雅集，有和友人六如韵诗，末二句云：鞠躬尽瘁寻常事，动植犹然而况人。嗟呼！人师几人，斯人憔悴，人琴叹逝，笔述斯人。①

杜亚泉虽然不是科学家，但他对把西方自然科学介绍到中国，尽了最

---

① 蔡元培：《杜亚泉君传》，原载《杜亚泉讣告》，开明书店 1934 年代发。

大的努力。

在《书杜亚泉先生遗事》中，蔡元培补充了一些在传中未曾提到的细节，如在绍兴中西学堂时：

> 先生与余等均不谙西文，则多阅日文书籍及杂志，间接地窥见世界新思潮，对于吾国传统的学说，不免有所怀疑。先生虽专攻数理，头脑较冷，而讨寻哲理针砭社会之热诚，激不可遏。平时各有任务，恒于午膳晚餐时为对于各种问题之讨论。是时教职员与学生同一膳厅，每一桌，恒指定学生六人教职员一人；其余教职员，则集合于中间之一桌，先生与余皆在焉。每提出一问题，先生与余往往偏于革新方面。①

通过这段记述，我们可以看出，杜亚泉"激不可遏"、"偏于革新"，完全不是因循守旧的保守分子。

章锡琛和胡愈之入馆较早，章锡琛是 1912 年进馆，胡愈之是 1914 年进馆，二人与杜亚泉共事时间亦较久，且都受过杜亚泉的指导，算是杜亚泉在出版上的"后辈"，对杜亚泉的出版事功，了解颇深。章锡琛说，"馆中出版博物理化教科参考图籍，什九皆出君手"，"《东方杂志》之有今日，君之力也"。② 这正是杜亚泉在商务印书馆最主要的两大功绩。胡愈之则用"功业彪炳"来形容杜亚泉，他深情地说："先生虽然没有替遗属留下物质的遗产，却已替社会留下无数精

---

① 蔡元培：《书杜亚泉先生遗事》，《新社会》第六卷第二号，1934 年。
② 章锡琛：《杜亚泉传略》，载许纪霖、田建业编：《一溪集——杜亚泉的生平与思想》，生活·读书·新知三联书店 1999 年版，第 16—17 页。

神的遗产了。"① 对于杜亚泉在文化思想史上的地位，他评价道：

> 先生是中国科学界的先驱。不但在其早年生活中，对于自
> 然科学的介绍，尽了当时最大的任务，此外在政治学、社会学、
> 语言学、哲学方面，先生亦致力于科学思想的灌输。在中国科
> 学发达史中，先生应该有一个重要的地位。……先生始终没有
> 放弃科学的立场。其对于人生观和社会观，始终以理性支配欲
> 望，为最高的理想，以使西方科学与东方传统文化结合，为最
> 后的目标。所以从思想方面说，先生实不失为中国启蒙时期的
> 一个典型学者。②

　　周建人入馆较迟，1921 年经人介绍进入商务，从事中小学动植
物教科书等自然科学书籍的编辑工作。按道理，他一进馆应该就与杜
亚泉有工作上的交集，但不知为何，他在 1934 年发表的《忆杜亚泉
先生》中却说，认识杜亚泉不过是六七年前的事情。即便是从《自然
界》创刊算起，也不止六七年。《自然界》是 1926 年 1 月创刊的，一
般认为周建人是主编，但是戈公振的《中国报学史》却把杜亚泉排在
周建人之前，认为杜亚泉是主编之一。《自然界》归商务印书馆博物
生理部管，杜亚泉正是博物生理部的部长，《自然界》的创刊和编辑
方针，很有可能主要是由杜亚泉和周建人策划、创订的。因此，至迟
1926 年 1 月前二人就应该认识了。周建人说杜亚泉"爱讲话而且爱
笑"，"意见虽常和别人不同，然而见解却很清楚"，"个人的私事却很

---

① 胡愈之：《追悼杜亚泉先生》，《东方杂志》第三十一卷第一号，1934 年。
② 胡愈之：《追悼杜亚泉先生》，《东方杂志》第三十一卷第一号，1934 年。

少谈起，因为他是向来就不大计算自己的利益的"。他叙述的语气极为平实，又很悲痛，"回忆过去，亚泉先生的音容笑貌，却一一如在目前似的"。①

张梓生是 1922 年进商务印书馆任《东方杂志》编辑的，在他的《悼杜亚泉先生》中，除了肯定杜亚泉的贡献外，还为杜亚泉死后社会的冷漠感到愤愤不平：

> 十余年前，先生在中国学术界中，无论就自然科学言，就社会科学言，就文哲思想言，固皆有其适当之地位也。今者，以六十之年，病死穷乡，社会闻之，殊甚淡漠。观于他国耆年学人之处境，与国家社会待遇耆年学人之优厚，吾对先生之逝世，盖不仅华屋山丘之感矣。
>
> ……
>
> 国人对于人物之崇仰，久失其正鹄。当曲园之死，举国淡然，时王静庵已深有所感。近则时局幻变，人心愈趋卑下，对数政客官僚之死亡，报纸争载，市巷纷谈；而对于品格崇高，行足讽世之学人逝世，除三数熟友外，类皆无所感怀。呜呼！此亦叔世应有之现象乎？②

杜其在和杜耿苏，因为是杜亚泉的近亲，在他们的追忆文章中，比其他人更多地描述了杜亚泉生活中的其他方面。杜其在回忆道，杜

---

① 周建人：《忆杜亚泉先生》，载许纪霖、田建业编：《一溪集——杜亚泉的生平与思想》，生活·读书·新知三联书店 1999 年版，第 13 页。
② 张梓生：《悼杜亚泉先生》，《新社会》第六卷第二号，1934 年。

亚泉对孩子既严肃又慈祥，在孩子面前不苟言笑，和前文周建人的描述刚好相反，所以孩子不大敢同他接近；但是对孩子又从来不疾言厉色，会带他们去吃廉价西餐，带他们上街访友，指导他们作文并给予一些小奖励。这都是很鲜活的父亲形象。有一次，杜亚泉兴致大发，给孩子们讲解《三国演义》开头那首《临江仙》，并要求他们背熟，给他们的奖励是豆腐干和花生米，称豆腐干和花生米同嚼有火腿味。此乃金圣叹的说法。金圣叹性格孤高，率性而为，因"哭庙案"而获斩刑。在 20 世纪初的新文学运动中，文学史家多赞扬金圣叹，胡适、林语堂对他都有较高评价。杜亚泉此时想起金圣叹，可能也是感喟人生无常，自己和金圣叹一样虽有满腹才华，却因言获罪，无施展之地吧？而《临江仙》的胸怀、格调又给了杜亚泉莫大的慰藉，"滚滚长江东逝水，浪花淘尽英雄，是非成败转头空，青山依旧在，几度夕阳红"，这是历经沧桑后的顿悟，是看破得失后的从容。他为教育、为出版，无怨无悔，矢志不移。杜其在的文章里还提到杜亚泉的朋友。过去很少有人提到鲁迅和杜亚泉的关系，其实杜亚泉除了和章锡琛、骆师曾、寿孝天、凌问之等人交好外，和鲁迅也有不浅的交情：

> 父亲和鲁迅先生也有交往。我记得他曾带我到鲁迅先生家中做客。一次父亲到日本友人内山完造先生开的书店去购书，恰巧鲁迅先生在内屋，鲁迅就对内山说：外面那位就是杜亚泉。内山一听马上出来与我父亲打招呼，二人从此相识，父亲也常去内山书店买日文书。①

---

① 杜其在：《回忆我的父亲杜亚泉》，载许纪霖、田建业编：《一溪集——杜亚泉的生平与思想》，生活·读书·新知三联书店 1999 年版，第41—44 页。

这至少说明了两点：一是鲁迅先生和杜亚泉相当熟稔，内山完造和杜亚泉，是通过他介绍认识的；二是杜亚泉在沪上文化界还是颇有些名气的，内山一听到杜亚泉的名字马上出来打招呼。

杜耿荪是杜亚泉族叔杜山佳的儿子。杜亚泉拜何桐侯为师的时候，曾经住在杜耿荪家。后来杜耿荪又先后两次在杜亚泉家住过一段时间，因而算是和杜亚泉接触比较多的亲人。他对于杜亚泉勤奋不懈的治学精神，很是佩服。哪怕是孩子们出去旅行，他也要花费三四个晚上从方志里面摘寻参考资料供孩子们随身携带，以备不时之需。自己去泰山旅游更是如此，不仅事前查阅资料，事后还将所见所闻记录下来，写信给亲属，希望子侄辈传阅，以广见闻。杜耿荪还提到，杜亚泉奠定了商务印书馆理化部门的基础，经杜亚泉介绍，不少人才进入商务工作。

> 张先生致力于文学方面的编纂，他则负责理化部门。先父山佳、先叔山次、先堂兄就田和寿孝天、骆师曾、章锡琛诸先生都由他介绍进所。在印刷部门和管理部门方面，他也陆续介绍了不少绍兴同乡进馆工作。一九零四年至一九二零年的十多年中，他和同事们在编书方面有着大致上的分工。他自己搞植物矿物两门，就田从事动物学，寿孝天、骆师曾负责编数学，山次先叔主持《东方杂志》的集稿、编排……还有几位青年如章锡琛等，则在他的指导下，做搜集各种资料，编教师参考书等工作。①

---

① 杜耿荪：《杜亚泉：商务印书馆初创时期的自然科学编辑》，载《绍兴县文史资料选辑》第一辑，1983 年。

这段记述清楚地展现了杜亚泉对理化部的创立之功，没有杜亚泉的悉心谋划，商务早期的理科图书出版不会取得如此骄人的成绩。

杜其在和杜耿荪的文章中，都表露出对王云五的不满，这也说明当时王云五和商务印书馆的一些老职工关系不睦，他们并不赞同王云五的改革。杜亚泉的退休金没有拿到一半，确实不够公平。当时战火纷飞，商务印书馆蒙受了巨大的损失，所谓大河无水小河干，杜亚泉的悲剧也是时代造成的。杜亚泉育有四子三女，他去世时尚有两个儿子上中学，一个女儿没出嫁。亲戚或余悲，他人亦已歌。对好友，对亲人，杜亚泉的去世自然是沉重的打击、难言的伤痛，而社会对杜亚泉，并没有给予足够的待遇，亦令人唏嘘。

四、后世评说，日趋肯定

由于众所周知的和以陈独秀为代表的"《新青年》派"的东西方文化之争，长期以来，杜亚泉作为逆潮流而行的保守主义的代表而饱受诟病，对他的研究也没有得到足够的重视。1981 年，全国政协常委、曾在商务印书馆工作过的化学史家袁翰青在香港《新晚报》上发表《自学有成的科学编译者杜亚泉先生》，充分肯定了杜亚泉对商务印书馆的贡献，认为杜亚泉是徐寿之后 19 世纪末 20 世纪初介绍西方科学最有成绩的人，推动了中国科学的发展。后来谢菊曾、贾平安亦撰文介绍了杜亚泉在自然科学出版方面的事迹。改革开放以后，学术风气逐渐活跃，对杜亚泉进行研究的学术成果也日趋丰富。特别是 1988 年龚育之在《世界经济导报》上发表《科学·文化·杜亚泉现象》的文章后，对杜亚泉的研究终于慢慢引起我国思想学术界的重视，不少学者陆续发表了相关学术成果。除对杜亚泉著作、论文的结集如《杜亚泉文选》、《杜亚泉文存》、《中国近代思想家文库·杜亚泉卷》、《杜亚泉著作两种》等之外，研究性的成果，著作主要有高力克的《调适的智慧：杜亚泉思想研究》（浙江人民出版社 1998 年版），许纪霖、田建业编的《一溪集——杜亚泉的生平与思想》（生活·读书·新知三联书店 1999 年版）；论文主要有王元化的《杜亚泉与东西文化问题论战》（《杜亚泉文选·序》，华东师范大学出版社 1993 年版），高力克的《重评杜亚泉与陈独秀的东西文化论战》（《近代史研究》1994 年第 4 期），吴方的《万山不许一溪奔——杜亚泉及其前进与保守》（《读书》1994 年第 4 期）。这些研究成果主要集中在对杜亚泉的文化思想的研究上，而对其出版活动和出版理念的研究，有周武的《为国家谋文化上之建设——杜亚泉与商务印书馆》（《档案与史学》1998 年第 4 期）、王建辉的《科学编辑杜亚泉》（《出版广角》2000 年第 6 期）等论文，从数量上看，不能称为丰硕，这和杜亚泉在近代出版史上的地位是不相称的。

对杜亚泉的评价，从最开始的不着一词，到后来的毁多誉少，再到后来的逐渐肯定，应该说反映了文化思想史研究日渐理性的趋势。1993 年，王元化先生写了一篇题为《杜亚泉与东西文化问题论战》的文章，首先是在《文汇报》刊出，后来作为《杜亚泉文选》序言。这篇一万多字的长文在海内外学术界引起了广泛的注意，也是这一年，纪念杜亚泉诞辰 120 周年学术研讨会在浙江上虞召开，汤一介、乐黛云、王元化等学者云集白马湖畔，杜亚泉一时成为学术界的热点。

王元化在这篇文章中认为，杜亚泉是"五四"前后居于领先地位的知识分子，而不是反对革新的落伍者，应该平心静气地对杜亚泉进行再认识再评价。

> 我认为把杜亚泉看作是一位反对革新的落伍者，这种误解要归之于长期以来近代中国历史上发生的急骤变化。近代历史上的每次改革都以失败告终。鸦片战争后，以曾李为代表的洋务运动，希望从西方引进船坚炮利声光化电等科学技术。可是甲午一战，惨遭失败。继起者认识到不经过政治制度的根本改革，科学技术是不可能孤立地发展的，于是出现了康梁维新运动。辛亥革命成功，以共和代替了帝制。但政治情况却并未改善，军阀割据，连年混战，民不聊生。在共和制下，竟出现了议会贿选，政客收买猪仔议员的丑剧。继起者再一次认识到共和政治制度只能在一定的社会背景和思想基础上形成，于是五四的思想革命诞生了。百余年来不断更迭的改革运动，很容易使人认为每次改革失败的原因，都在于不够彻底，因而普遍形成了一种越彻底越好的急躁心态。在这样的气候之下，杜亚泉就显得过于稳健、过于持重、过于保守了。①

其实杜亚泉是坚定地支持改革的，只不过他的态度是渐进温和的而已，在当时乃至后面很长一段时间，这种态度都很难被人理解。所以从"五四"以来，一直到改革开放以前，杜亚泉几乎都处于被遗

---

① 王元化：《杜亚泉与东西文化问题论战》，载许纪霖、田建业编：《杜亚泉文存》，上海教育出版社 2003 年版，"代序"第 4—5 页。

忘的状态。

王元化先生的长文，掀起了杜亚泉研究的一个高潮。不少知名学者纷纷撰文，各抒己见。有些学者和王元化先生一样，主张对杜亚泉重新评估，寻找他文化思想中合理的质素。张汝伦为杜亚泉鸣不平，认为杜亚泉这样的学者，在中国近代思想史和文化史的贡献被长期忽略乃至否定，是十分不合理的。必须理性地建构中国近代思想史，使杜亚泉这样的思想家能够得到客观理性的评价。他认为杜亚泉不是所谓的文化保守主义者，而是一个充满理性的思想家。[①]

高力克也认为不能简单地把杜亚泉划为保守派，他说：

对于杜亚泉的思想个案来说，无论"保守主义"抑或"反现代化"范畴，都难以阐释其辩证臧否东西文化，并主张东西新旧融合的文化调和主义的繁复性。东方文化派是个十分复杂的思想流派，其主要成员多为留学欧美日而学贯中西的硕学之士，其对世界新知的了解决不在新青年派之下，且其思想又徜徉于"东西新旧"诸文化单元之间，而决非"传统—现代"二分范式所能涵盖。如果一定要给杜的调和论定位，大概也仅能以"反西化主义"为下限，它是对五四时代"西风压倒东风"之文化态势所作的批评性反应。

杜亚泉的"反西化"的文化调和主义，当属民初启蒙运动之重要一翼。杜陈文化理论的思想歧异与其说在于"激进"与"保守"的对立，毋宁说在于启蒙运动之"激进"与"稳健"路

---

① 参见张汝伦：《杜亚泉与思想史》，《文汇报》1994 年 2 月 27 日。

线的分歧。①

　　高力克明确把杜亚泉置于启蒙运动的重要一翼，和陈独秀的分歧，不
过是启蒙路线的分歧，而不是激进与保守的对立。

　　当然，也有持不同意见者。高力克的文章发表后，1995 年，朱
文华也在《近代史研究》上发表文章，明确反对高力克的观点。他认
为陈杜之间的论争，是杜亚泉挑起的，杜亚泉的文化思想，是完完全
全站在新文化运动的对立面的，否定了杜亚泉的文化思想是新文化运
动的重要一翼的说法。他把杜亚泉的文化思想归结为反进步反革新的
"文化保守主义"，认为杜亚泉的文化思想甚至比维新派的思想水平还
要落后，只不过沿袭的是"国粹派"的文化观。杜亚泉在强调文化的
民族性的问题上，立足点就是错误的，看不到固有文明的落后与腐
朽。他的文化思想中固然有一部分合理的因素，但更多的是落伍于时
代的。②

　　学术上的争鸣有利于文化的健康发展。杜亚泉这个本不应该被忽
略的人物，终于被抹去了覆盖其上的历史尘埃，慢慢地多角度地浮现
在人们眼前。任元彪把杜亚泉看作一个伟大的科学启蒙者。他认为，
科学救国是杜亚泉启蒙思想的基础，伦理觉悟是杜亚泉启蒙意识的表
现，进而肯定杜亚泉批评的启蒙意义。从而，他为杜亚泉辩护：

　　　　即使他过于维护传统，那也仍然是对过于极端地批评传统的

---

　　① 高力克：《重评杜亚泉与陈独秀的东西文化论战》，《近代史研究》1994 年第 4 期。
　　② 参见朱文华：《也来重新审视陈独秀与杜亚泉的论争》，《近代史研究》1995 年第
5 期。

一种反应；即使他过于强调渐变，那也仍然是对于过于强调革命和破坏的一种校正。①

更多的人既不同意把杜亚泉拔得太高，也不同意把杜亚泉视为一个完全的落伍者，而是从文化的时代性、民族性等角度切入，认为杜亚泉的思想既有其进步之处，也有其局限性。钟华认为杜亚泉的文化调和论实质是新条件下"中体西用论"的翻版，他通过对杜亚泉和陈独秀主要文化观点的剖析，得出结论，即杜亚泉文化理论体系的大前提是完全错误的，但是包含着合理的方法论成分。同时，钟华还认为，在研究五四新文化运动时，把视线集中于从事新文化运动的人士，对其对立面避而不谈，甚至采取一概唾弃的简单做法，是有失偏颇的。②董恩强认为，杜亚泉是五四时期"东方文化派"的代表人物之一，其思想主张在当时产生过较大影响。在东西文化对比上，他提出了文化"动静说"；在新文化建设方面，他主张新旧调和，用中国固有文明统整西方物质文明。这有其合理的一面，但也有其保守的一面。杜陈的文化论争，拉开了东西文化问题论争的序幕，这次论争在中国现代思想史上具有深远的意义。③马海杰认为杜亚泉与陈独秀的东西文化论战的实质是双方基于对国家民族前途与命运的思考和忧虑而得出的两种不同文化取向。在波谲云诡的近代中国革命的历史

---

① 任元彪：《启蒙者对启蒙运动的批判》，载许纪霖、田建业编：《一溪集——杜亚泉的生平与思想》，生活·读书·新知三联书店1999年版，第123页。

② 参见钟华：《杜亚泉文化思想初探——兼论五四新文化运动的论争》，《史学月刊》1994年第5期。

③ 参见董恩强：《杜亚泉的文化思想——兼评杜、陈文化论争》，《华中师范大学学报（人文社会科学版）》2000年第2期。

情境之下，杜亚泉平静的学术立场相对来说不那么融于时代潮流而难以避免失败的命运，而陈独秀因为顺应了历史潮流，产生了更为深远的影响。杜陈的争辩主要集中在三个问题：中西文化可否调和，传统文化如何统整，教育如何普及。他们虽然路径不一，但动机却并无二致。①

有的学者从杜亚泉文化思想的来源出发，探寻杜亚泉文化思想的价值和意义。如姚铭尧认为杜亚泉是中国传统文化的卓越传承者，是"调和持中"文化观的杰出典范。无论在经济上、政治上还是道德文化上，杜亚泉都秉持"调和持中"的观念。他虽然竭力引进西方文化，但是他的立足点仍然是以儒学为代表的中国传统文化。而且，他的视野更为宽广，具有丰富的"后现代"特征，与当今文化的发展总趋势颇为吻合。②赵黎明把杜亚泉的"新文化"愿景看作中庸思维在文化问题上的具体运用。他运用物理学的"力量"对抗原理，解释中庸之道的合理性。他还提出"协力主义"、"接续主义"和"多元主义"，作为处理文化问题的基本原则。杜亚泉的文化探索具有一定的合理性，一定程度上丰富了新文化运动的内涵，其思维也充满了辩证和理性因素，但同时存在缺乏"时中"、"权变"等不少问题，需要一分为二地看待。③

对杜亚泉的重新审视，主要集中在他的文化思想上。对他的出版事功，几乎没有人否认。也许正是因为在这方面没有什么分歧，对杜

---

① 参见马海杰：《浅谈五四前期陈独秀杜亚泉东西文化之争辩》，《中州大学学报》2006 年第 2 期。

② 参见姚铭尧：《儒学自由主义先驱杜亚泉》，《理论研究》1994 年第 7 期。

③ 参见赵黎明：《"中庸"思维与杜亚泉的"新文化运动"》，《华中师范大学学报（人文社会科学版）》2015 年第 4 期。

亚泉出版理念的研究，并不算多，而且主要是个案研究。有的以其早期的办刊实践为切入点，研究杜亚泉在科学传播实践中的功绩；有的以其主编的某本教科书为切入点，介绍杜亚泉在编辑工作上的贡献；更多的人是以《东方杂志》为中心，对杜亚泉的出版理念进行研究，实际上也主要是指向他的文化思想。

但笔者认为，杜亚泉更主要的贡献，是出版上的贡献；他更重要的身份，是一个出版家。汪家熔撰文总结了杜亚泉对商务印书馆的贡献，特别是在其他人注意较少的地方着墨甚多，像杜亚泉在编写工具书特别是《辞源》上的贡献，像《文学初阶》的价值和意义，都是以前较少有人发掘的领域。周武则撰写了两篇文章来肯定杜亚泉在出版上的功绩。一篇是 1998 年发表的《为国家谋文化上之建设——杜亚泉与商务印书馆》，另一篇是 2016 年发表的《杜亚泉与商务编译所》。周武认为，杜亚泉是"中国科学界的先驱"，他加入商务并非仅仅是为衣食谋，商务得到了一个编译人才，而杜亚泉则有了可以施展拳脚的舞台。这对商务和他个人都是好事。商务印书馆理化部的发展壮大，和杜亚泉有莫大的关系。他说：

> 虽然在杜亚泉亲自编译和组织编译的众多书籍中，原创的东西并不多，用他自己的话说，只是一个"科学家的介绍者"，但其影响是非常巨大的。就商务的早期发展而言，这一大批教科书的畅销，一方面使商务成为世纪之初普及和传播近代自然科学技术的重镇，另一方面也为商务创造了可观的利润，壮大了它的实力，并为它的进一步发展奠定了坚实的基础。而就近代中国的知识更新和观念进化而言，其影响则尤为深远，它不仅满足了世纪

之初兴学浪潮对自然科学教科书的迫切需要，而且改变了整整
一代人的知识结构，并进而推动新旧知识的更替和思想观念的
进化，对近代科学观念的形成和科学精神的确立具有重大的启蒙
意义。①

周武还认为，杜亚泉真正把科学与人文集于一身，在他身上，消
解了近代以来科学和人文的对垒与紧张，他既是现代性的追求者与探
索者，又是现代性的反思者。

一个世纪以前的东西方文化论战，基本上决定了杜亚泉晚年的命
运。但是，论战的结果不应成为否定失败者一方的理由，更不能因此
忽视他作为一位出版家在出版事业上的贡献。

---

① 周武：《为国家谋文化上之建设——杜亚泉与商务印书馆》，《档案与史学》1998 年
第 4 期。

结　语

19 世纪末 20 世纪初，中国遭逢几千年未有之大变局。随着帝国主义列强的侵入，西方文化蜂拥而来。这给了当时的知识分子很大的压力，他们担心会被强势的外来文化所淹没，因此他们中的很多人选择了利用传媒来进行对抗，编辑职业也就成了处于社会危机中的知识分子的一种选择。陈思和则用知识分子的岗位意识来诠释这种转型。他认为："在上个世纪末道统崩溃时，虽然也有像王国维那样的知识分子'梦中恐怖天堕'，但大多数知识分子并不为之惊慌失措……就是因为他们那时精神上的岗位并没有消失。"①"不管社会多么腐败和堕

---

① 陈思和：《关于人文精神的独白》，载《犬耕集》，上海远东出版社 1996 年版，第52 页。

落，只要真正的知识分子在，文化的精血就不会消亡。"① 比如梁启超、张元济等知识分子就转向了编辑出版行业，由"庙堂"而"广场"，由"广场"而岗位。他们建构了一种新式的传播领域，"而这个不属于官方、而为士人所建立的新式传播领域，便成为士人操作符码，以之陶铸国民、建立国族的空间"②。杜亚泉之所以进入出版界，也是企图通过自己的出版活动，通过大众传播的手段，来实现他的经世致用的人格理想。

杜亚泉是近代中国一位百科全书式的教育家和思想家，更是非常重要的一位出版家。

杜亚泉接受过正统的儒家教育，儒家传统文化在他身上打下了深深的烙印。由于西方列强打破了天朝上国的迷梦，中华民族面临空前的危机。在这种危机面前，杜亚泉深感学习西方文明的必要，但是这种学习并不能割断他在思想上与儒家文化的血脉联系。正如美国学者墨子刻所说，近现代的中国知识分子大体上都继承了基本的道德目标和儒学传统的抱负，他们从"西学"所接受的东西，仅仅是给实现这些道德目标和传统抱负提供了新的技术和体制上的方法而已。③ 杜亚泉正是如此，他之所以注意西方文明，其目的主要还是为了实现他经世致用的儒家人格理想。因为这个目的，杜亚泉义无反顾地投入出版活动，并且编辑出版了大量介绍西方自然科学知识的书籍文章。顾炎

---

① 陈思和：《知识分子在现代社会转型期的三种价值取向》，载《犬耕集》，上海远东出版社 1996 年版，第 15 页。

② 许纪霖主编：《公共空间中的知识分子》，江苏人民出版社 2007 年版，第 260—261 页。

③ 参见 Thomas Metzger, *Escape from Predicament: Neo-Confucianism and China's Evolving Political Culture*, New York: Columbia University Press, 1977, pp.191-195。

武曾道："君子之为学，以明道也，以救世也……"① 这正好与杜亚泉学习和推广西方自然科学知识的目的相契合。

杜亚泉的内心深处，无时无刻不受到儒家传统感召力的影响，这种感召从某种意味上可以归因于约瑟夫·列文森所谓的"文化同一性"。② 在这种感召力的影响下，杜亚泉从来不曾也不愿意放下儒家传统文化的价值信条。因此，虽然他在出版图书方面充当了自然科学启蒙的急先锋，但是他利用杂志作为平台，恪守经世致用与不流不倚的儒家品质，矢志进行儒家传统文化与西方文化的接续调和。表面看来，杜亚泉热衷于推介西方自然科学与其倡言调和折中似乎是自相矛盾的，但实际上都统一于一个转型时期儒者的人格理想之下。

历史不是一个恒常不变的静物。对于同一段历史，研究者们的阐释可能各有不同，不同角度的审视，似乎更能还原历史的真实。随着对杜亚泉研究的丰富和深入，学界对杜亚泉的认识也日趋全面（抑或说真实）。

但笔者也注意到，对杜亚泉的评判似乎还是存在一种非此即彼的态度。过去的研究对杜亚泉要么不予评价，要么持贬抑的态度；而近年来的一些研究则争相为杜亚泉正名，似乎杜亚泉的东西调和的文化思想才能疗救现代化的种种疾病，这里面固然有对"五四"以来激进主义的反思，更有一种学术上的随大流趋向。笔者以为，应该以一种理性的态度来对待杜亚泉，应该还原到当时的历史场景，客观地进行分析和评价，不宜夸大其贡献和影响。

杜亚泉最主要的功绩首先在于出版方面。在中国近代出版图景

---

① （清）顾炎武：《亭林文集》卷四，《与人书三》。
② 参见张灏：《危机中的中国知识分子》，新星出版社 2006 年版，第 11 页。

中，杜亚泉留下了浓墨重彩的一笔。首先，在中国近代期刊史上，杜亚泉开中国人自办科学期刊之先河，他是科学救国论最早的倡导者，其《亚泉杂志》在中国科技期刊史上具有发端的意义。《普通学报》则承《亚泉杂志》之血脉，开始由科学期刊向综合性期刊转变。及至杜亚泉入主《东方杂志》，他对《东方杂志》大刀阔斧从形式到内容的改良，使《东方杂志》真正具有了现代杂志的意味，奠定了《东方杂志》发展的基础，使得《东方杂志》成为我国宣传温和渐进改良主义的重镇，成为中国近代历史上连续刊行时间最长的杂志。其次，在图书特别是教科书的出版上，杜亚泉可以称得上是百科全书式的出版家。他渊博的知识使其成为学者和编辑合一的专家型出版家。他不仅组织编写，还亲自译述、编著了大量的自然科学方面的教科书，这些教科书对于启发民智、开科学救国之风气，都起到了重要的作用。近现代许多知识分子，都曾从杜亚泉所编著的自然科学教材中获得过滋养。而他主持编写的自然科学工具书，有几部更是沿用至今。可以毫不夸张地说，杜亚泉是中国近代出版史上最重要的科技出版家。

过去对杜亚泉的研究，大多侧重于对其文化思想的研究，而对于其出版理念和实践的专题研究，似乎还不多见。至于从文化思想出发，从文化思想这个"里"来梳理其出版理念这个"表"，则更为少见。出版理念在某种意味上也是文化思想的一种反映，但是比起文化思想来说范畴要小得多。而且，杜亚泉除了教科书之外，著述多散见于《东方杂志》之上，鲜有提及出版活动的内容，这也给研究杜亚泉的出版理念增加了不少难度。因此，本书对杜亚泉出版理念的研究，虽然尽可能地从杜亚泉的出版实践活动中去挖掘他的出版思想，但是由于史料的缺乏，很多只能是笔者的一管之见。另外，那一代的知识分子，大都抱有救亡图存的强烈愿望，但选择的路径则并不完全相同，如杜亚泉、陈独秀、胡适等，在思想主张乃至投身社会实践的方式上，就各有不同。特别是那一批投身出版以昌明教育、服务社会的知识分子，其出版理念和实践也都有其显著的个性特征。对这一批人进行比较研究，对于研究中国近代出版史和中国近代知识分子群体，都是很有必要的。但限于本书作为传记的范围和篇幅，在这一方面着墨不多，这无疑是本书的缺憾和不足。

杜亚泉是一位不可忘却的启蒙者、教育家、出版家，更是一位守护着自己心灵家园的儒者，他以一种理性而又执着的态度在追寻着他的人格理想。下面引用他自己的话作为结语：

> 儒者著书，哲人觉世，敷陈学理，启迪颛蒙，为理性之前驱，作人民之先导，务宜力求平正，切中事情，察人民程度以立言，揆世运迁流而立教，毋骛高远，毋尚精深，毋见弹求炙而涉及张皇，毋惩羹吹薤而流于激烈，庶理性得而和平中正之指导，而不致偏倚矫切，贻世界以无穷之纷扰也。孔子言理性，丁宁反复于中庸之为德。呜呼，此其所以范围天下而不过欤！①

---

① 杜亚泉：《理性之势力》，《东方杂志》第十卷第六号，1913 年。

杜亚泉编辑出版大事年表①

1873 年

9 月 14 日出生于浙江绍兴府会稽县伧塘乡（今上虞市长塘）。原名炜孙，字秋帆。

1889 年　16 岁

入山阴县泮，中秀才。

1891 年　18 岁

应乡试落榜，觉"帖括非所学"，转从族叔杜山佳治训诂学。罗致群书，昼夜研究，攻读甚勤。

1894 年　21 岁

春，赴杭州，肄业于崇文书院。秋试后回乡。

---

① 根据《杜亚泉生平大事年表》和《杜亚泉学术年谱简编》整理。分别见许纪霖、田建业编：《杜亚泉文存》，上海教育出版社 2003 年版，第 485—493 页；许纪霖、田建业编：《一溪集——杜亚泉的生平与思想》，生活·读书·新知三联书店 1999 年版，第 243—307 页。

1895 年　22 岁

应岁试，考经解，冠全县。后受甲午战争失败的影响，终觉经史训诂皆不切实用，决心讲求实学以救国济民，遂改习数学。

1898 年　25 岁

接受蔡元培的聘请到绍兴中西学堂任数学和理科教员。3 月，考取全县算学第一。后又自学物理、化学和矿植动物诸学，并自学日文，不久能够直译日文图书，从而能够接触西方新思潮。

1900 年　27 岁

随蔡元培辞去绍兴中西学堂职务。秋，赴上海，自号亚泉，创办亚泉学馆，编辑《亚泉杂志》（11 月 29 日创刊），传播科学知识。

1901 年　28 岁

得到父亲的资助，亚泉学馆改为普通学书室，编译出版科学书籍和一些教科书。《亚泉杂志》出版 10 期后于 6 月 9 日停刊。5 月创办并主编《普通学报》，以刊登科学知识为主，兼载时事政治，出版 5 期后因经营不善而停刊。

1902 年　29 岁

夏，浙江南浔浔溪公学发生学潮，与蔡元培一同前往调停，并应庞清臣聘请担任校长。锐意改革，延请知名学者任教。后学潮复起，遂辞职。本年，普通学书室又发行月刊《中外算报》。

应商务印书馆之请，编写《文学初阶》一套 6 册，为我国最早的供蒙学堂用教科书之一。

1903 年　30 岁

返回绍兴。与宗能述、寿孝天等创办越郡公学，后因校款中绌而停办。

1904 年　31 岁

秋，应张元济、夏瑞芳之约赴上海，入商务印书馆任编译所理化部主任，并将普通学书室并入商务，自此开始在商务服务了 28 年。

1906 年　33 岁

秋，与族叔杜海生东游日本，考察教育，购置日文书籍数十种。

1908 年　35 岁

与汤蛰仙等创立浙江旅沪学会，并当选为评议员。

1909 年　36 岁

译著《盖式对数表》出版。于《东方杂志》（1909 年第六卷第一号、第五号）上发表《理科小识》两篇。

1911 年　38 岁

春，接手《东方杂志》任主编。对之进行重大改革，并在上面发表多篇文章。另有《论政策》刊于《时事新报》。

是年，绍兴七县旅沪同乡会成立，被选为议长。还被推为绍兴旅沪同乡公学校董。

1912 年　39 岁

发表文章介绍辛亥革命，提出治国建议。与吴稚晖赴北京出席中华民国教育部召开的国音统一会，被聘为会员。

1913年　40岁

写了大量政论文章，对辛亥革命后的动荡社会现状进行分析，主张渐进，反对激变。所编历史教科书《普通新历史》由商务增订出版，后流传甚广。所编教科书《植物学》由商务再版。

1914年　41岁

第一次世界大战爆发，及时做了大量连续报道，并发表多篇与战争有关的文章。

1915年　42岁

鉴于世界大战和国家形势，为唤起国人的爱国之心，撰写大量文章，并反思引起战争的原因，主张社会协力。

1916年　43岁

继续报道和评论世界大战。觉察到资本主义社会的弊端，主张不能绝对否定传统文化，不能盲从西方文明。袁世凯称帝失败病逝后，撰文详述袁世凯帝制运动之过程。

1917年　44岁

撰文呼唤民主，继续参与东西文化论争。所编《化学工艺宝鉴》出版。

1918年　45岁

主编的《植物学大辞典》在商务出版，蔡元培序云："吾国近出科学辞典，详博无逾于此者。"

1919 年　46 岁

与陈独秀等的论战日益激烈，并与蒋梦麟进行关于新旧思想的论辩。被撤《东方杂志》主编，仍留商务，专心于理科教科书编辑工作。他在社会上很有影响的政论写作告一段落。

1920 年　47 岁

不改一贯主张，坚持理性的世界观，遇觉有误之言论，奋起撰文批驳。在《学艺》发文《中国医学的研究方法》，为中医理论辩护。

1923 年　50 岁

主编的《动物学大辞典》出版，全书约 250 万字。

1924 年　51 岁

于上海创办新中华学院，自任教授。该学院 1926 年因经费不足被迫停办。

1929 年　56 岁

所撰《人生哲学》出版。因与商务高层意见不合辞请退休，馆方慰留不许。

1931 年　58 岁

因与商务当局意见不合，又两次提出退休。馆方不许。

1932 年　59 岁

一·二八事变爆发，商务遭炮火焚毁，避难回乡，以变卖田产勉力维持生计。仍自费组织千秋编译社，完成《小学自然科词书》的编撰，并义务为稽山中学讲学，革新教育，抨击豪强。

1933 年　60 岁

秋，患肋膜炎，因无钱医治，于 12 月 6 日病逝，借棺入殓。

主要参考文献

杜亚泉:《绘图文学初阶》卷一,商务印书馆 1903 年版。

杜亚泉:《新学制初级中学教科书·自然科学》第一册,商务印书馆 1923 年版。

杜亚泉:《杜亚泉著作两种》,田建业编校,新星出版社 2007 年版。

杜亚泉、杜就田:《共和国教科书·高等小学新理科教授法》第一册,商务印书馆 1912 年版。

杜亚泉、杜就田:《共和国教科书·高等小学新理科教授法》第四册,商务印书馆 1912 年版。

杜亚泉等:《共和国教科书·高等小学新理科》第一册,商务印书馆 1913 年版。

杜亚泉等:《动物学大辞典》,商务印书馆 1922 年版。

杜亚泉等译:《战争哲学》,商务印书馆 1923 年版。

杜其堡、杜亚泉、杜其垚等:《小学自然科词书》,商务印书馆 1934 年版。

班彦美:《论五四时期杜亚泉的"道德本位"的思想倾向——以〈东方杂志〉(1911—1920)为中心的研究》,《科教文汇(下旬刊)》2007 年第 12 期。

博玫：《中国近现代出版理念与知识分子现代性转型的内在关系》，《浙江工商大学学报》2010 年第 5 期。

陈独秀：《独秀文存》，安徽人民出版社 1988 年版。

陈独秀：《今日中国之政治问题》，《新青年》第五卷第一号，1918 年。

陈独秀：《调和论与旧道德》，《新青年》第七卷第一号，1919 年。

陈独秀：《再质问〈东方杂志〉记者》，《新青年》第六卷第二号，1919 年。

陈独秀：《质问〈东方杂志〉记者——〈东方杂志〉与复辟问题》，《新青年》第五卷第三号，1918 年。

杜尚荣、李森：《中小学教材编写逻辑体系的反思与重构——兼论教材编写的教学逻辑体系》，《课程·教材·教法》2014 年第 10 期。

杜维明：《现代精神与儒家传统》，生活·读书·新知三联书店 1997 年版。

伏炎安：《杜亚泉东西文化调和观的形成》，《周末文汇学术导刊》2006 年第 1 期。

伏炎安：《重评杜亚泉的东西文化调和观》，《吉首大学学报（社会科学版）》2005 年第 2 期。

付东升、陈章：《杜亚泉科学教育思想探析》，《浙江教育学院学报》2007 年第 2 期。

高力克：《调适的智慧：杜亚泉思想研究》，浙江人民出版社 1998 年版。

高力克：《重评杜亚泉与陈独秀的东西文化论战》，《近代史研究》1994 年第 4 期。

戈公振：《中国报学史》，上海古籍出版社 2003 年版。

[美] 格里德尔：《知识分子与现代中国：他们与国家关系的历史叙述》，单正平译，广西师范大学出版社 2010 年版。

龚建平、李晓娥：《儒家人格意识及其现代意义——从现代心理学的"人格"概念谈起》，《西安交通大学学报（社会科学版）》2009 年第 5 期。

郭璐：《简论杜亚泉和梁漱溟的东西方文化观》，《淮北煤炭师范学院学报（哲学社会科学版）》2006 年第 3 期。

何涓：《益智书会与杜亚泉的中文无机物命名方案》，《自然科学史研究》2007 年第 3 期。

何晓明：《返本与开新——近代中国文化保守主义新论》，商务印书馆 2006 年版。

何晓明：《知识分子与中国现代化》，东方出版中心 2007 年版。

贺艳秋：《中国儒家人格理想简论》，《中州学刊》1998 年第 6 期。

洪九来：《宽容与理性：〈东方杂志〉的公共舆论研究（1904—1932）》，上海人民出版社 2006 年版。

孔庆莱等：《植物学大辞典》，商务印书馆 1918 年版。

李家驹：《商务印书馆与近代知识文化的传播》，商务印书馆 2005 年版。

李静：《杜亚泉与〈东方杂志〉》，《青海社会科学》2007 年第 4 期。

李新宇：《五四：文化论战，为何而战？——以陈独秀与杜亚泉为例》，《齐鲁学刊》2006 年第 3 期。

林贤治：《午夜的幽光》，广西师范大学出版社 2005 年版。

刘黎红：《"调和折衷"在杜亚泉思想中的方法论意义》，《聊城师范学院学报（哲学社会科学版）》2001 年第 6 期。

刘泽华、葛荃：《中国古代政治思想史》，南开大学出版社 2001 年版。

隆新文：《杜亚泉伦理思想研究》，东南大学硕士学位论文，2006 年。

陆卫明、程瑾：《论杜亚泉的中西文化观》，《广西社会科学》2006 年第 6 期。

罗志田：《权势转移：近代中国的思想与社会》（修订版），北京师范大学出版社 2014 年版。

马海杰：《浅谈五四前期陈独秀杜亚泉东西文化之争辩》，《中州大学学报》2006 年第 2 期。

欧阳正宇：《杜亚泉的科学救国思想及成就》，《甘肃社会科学》2002 年第 5 期。

钱振波：《中国传统文化中的儒家理想人格模式解析》，《辽宁教育行政学院学报》2007 年第 5 期。

瞿同祖：《清代地方政府》，范忠信等译，法律出版社 2003 年版。

[美] 萨义德：《知识分子论》，单德兴译，生活·读书·新知三联书店 2002 年版。

商务印书馆：《商务印书馆九十年 1897—1987》，商务印书馆 1987 年版。

商务印书馆：《商务印书馆一百年 1897—1997》，商务印书馆 1998 年版。

邵龙宝：《儒家人格理论的特性》，《道德与文明》2007 年第 2 期。

郑师渠：《思潮与学派：中国近代思想文化研究》，北京师范大学出版社 2005 年版。

史春风：《商务印书馆与中国近代文化》，北京大学出版社 2006 年版。

[德] 叔本华：《处世哲学》，杜亚泉译，商务印书馆 1923 年版。

宋应离、袁喜生、刘小敏编：《20 世纪中国著名编辑出版家研究资料汇辑》，河南大学出版社 2005 年版。

《谭嗣同全集》（增订本），中华书局 1981 年版。

滕峰丽：《章士钊、杜亚泉"新旧调和论"之比较》，《中州学刊》2006 年第 3 期。

田建业等：《杜亚泉文选》，华东师范大学出版社 1993 年版。

王建辉：《科学编辑杜亚泉》，《出版广角》2000 年第 6 期。

王江松：《知识分子的自我启蒙》，线装书局 2012 年版。

王世儒编：《蔡元培日记》，北京大学出版社 2010 年版。

吴方：《万山不许一溪奔——杜亚泉及其前进与保守》，《读书》1994 年第 4 期。

熊吕茂、杨松林：《论杜亚泉的文化调和思想》，《湖南第一师范学报》

2007 年第 3 期。

　　徐贲：《知识分子和公共政治》，中央编译出版社 2016 年版。

　　徐芳维：《杜亚泉文化观评议》，《贵州大学学报（社会科学版)》1996 年第 4 期。

　　徐克敏：《我国最早的科学期刊〈亚泉杂志〉》，《中国科技期刊研究》1990 年第 3 期。

　　许纪霖、田建业编：《杜亚泉文存》，上海教育出版社 2003 年版。

　　许纪霖、田建业编：《一溪集——杜亚泉的生平与思想》，生活·读书·新知三联书店 1999 年版。

　　许纪霖主编：《公共空间中的知识分子》，江苏人民出版社 2007 年版。

　　杨思信：《近代中国文化民族主义研究》，北京师范大学博士学位论文，1999 年。

　　姚福申：《中国编辑史》，复旦大学出版社 2004 年版。

　　叶再生：《出版史研究》第 2 辑，中国书籍出版社 1994 年版。

　　余英时：《文史传统与文化重建》，生活·读书·新知三联书店 2004 年版。

　　张晨怡：《近代中国知识分子的民族主义思想研究》，中央民族大学出版社 2012 年版。

　　张春燕：《理性价值的彰显——杜亚泉文化思想探析》，《吉林广播电视大学学报》2003 年第 4 期。

　　张灏：《危机中的中国知识分子：寻求秩序与意义》，新星出版社 2006 年版。

　　张静庐：《中国现代出版史料》甲编，中华书局 1984 年版。

　　张晓唯：《蔡元培评传》，百花洲文艺出版社 2010 年版。

　　张亚群：《科举革废与近代中国高等教育的转型》，华中师范大学出版社 2005 年版。

张元济：《张元济日记》（上），张人凤整理，河北教育出版社 2001 年版。

张元济：《张元济日记》（下），商务印书馆 1981 年版。

郑男：《儒家的中庸思想演进》，上海师范大学硕士学位论文，2013 年。

钟华：《杜亚泉文化思想初探——兼论五四新文化运动的论争》，《史学月刊》1994 年第 5 期。

周榕仙：《杜亚泉先生传》，《仪文》1948 年第 2 期。

周武：《为国家谋文化上之建设——杜亚泉与商务印书馆》，《档案与史学》1998 年第 4 期。

朱文华：《也来重新审视陈独秀与杜亚泉的论争》，《近代史研究》1995 年第 5 期。

《大学·中庸》，王国轩译注，中华书局 2006 年版。

《论语》，张燕婴译注，中华书局 2006 年版。

［日］幸德秋水：《社会主义神髓》，杜亚泉译，商务印书馆 1923 年版。

［英］尼克·史蒂文森：《认识媒介文化——社会理论与大众传播》，王文斌译，商务印书馆 2001 年版。

Thomas Metzger, *Escape from Predicament: Neo-Confucianism and China's Evolving Political Culture*, New York: Columbia University Press, 1977.

《亚泉杂志》

《普通学报》

《东方杂志》1911—1920 年

附录一
杜亚泉翻译、编纂的主要教科书[①]

书名	出版时间
《化学定性分析》	1901 年
《普通新历史》	1902 年 2 月
《文学初阶》	1902 年 7 月
《最新笔算教科书》	1902 年
《最新格致教科书》	1902 年
《普通矿物学》	1903 年 5 月
《理化示教》	1903 年 5 月
《新撰植物学教科书》	1903 年 6 月
《最新中学植物学教科书》	1903 年 6 月
《普通植物学教科书》	1903 年 9 月
《最新笔算教科书教授法》（合编）	1904 年

---

① 根据《杜亚泉生平大事年表》和《杜亚泉学术年谱简编》整理。分别见许纪霖、田建业编：《杜亚泉文存》，上海教育出版社 2003 年版，第 485—493 页；许纪霖、田建业编：《一溪集——杜亚泉的生平与思想》，生活·读书·新知三联书店 1999 年版，第 243—307 页。

《中学生理学》	1905 年
《高等小学最新笔算教授法》（合译）	1905 年 7 月
《中学化学新教科书》	1905 年 9 月
《最新中学矿物学教科书》	1906 年 6 月
《最新理科教科书》（参订）	1906 年
《简易格致课本》	1906 年
《初等小学格致教科书》	1906 年
《初等小学格致教科书教授法》	1906 年 11 月
《中学物理学新教科书》	1907 年 2 月
《中学植物学教科书》（合译）	1907 年 3 月
《格致课本》	1907 年 3 月
《中学生理学教科书》（合译）	1907 年 5 月
《生理卫生新教科书》（合译）	1907 年 6 月
《格致课本教授法》	1907 年 8 月
《初等矿物学教科书》（合译）	1907 年 9 月
《盖氏对数表》（合译）	1909 年初版
《实验化学教科书》（合编）	1910 年以前
《师范学堂生理卫生学》	1910 年以前
《高等小学农业教科书》（合编）	1910 年以前
《初级师范学校动物学教科书》	1910 年
《博物学初步讲义》（合编）	1912 年 12 月
《动物学讲义》（合编）	1912 年 12 月
《矿物学讲义》	1912 年 12 月
《共和国教科书·高等小学新理科》（春季用）（合编）	1912 年
《共和国教科书·高等小学新理科教授法》（合编）	1912 年
《共和国教科书·植物学》	1913 年 10 月

《共和国教科书·高等小学新理科》（秋季用）　　　　　　1913 年

《共和国教科书·矿物学》　　　　　　　　　　　　　　1914 年 1 月

《共和国教科书·生理学》（合编）　　　　　　　　　　1914 年 8 月

《新编植物学教科书》　　　　　　　　　　　　　　　　1915 年 3 月

《化学工艺宝鉴》　　　　　　　　　　　　　　　　　　1917 年 3 月

《中等学校有机化学教科书》　　　　　　　　　　1919—1924 年

《新法后期小学理科教科书》（合编）　　　　　　　　　　1920 年

《新学制初中自然科学教科书》　　　　　　　　　　　　1923 年

《新学制新撰高小自然科教科书》　　　　　　　　　　　1923 年

《中学动物学教科书》　　　　　　　　　　　　　　1927 年前

《高等植物分类学》　　　　　　　　　　　　　　　1933 年 1 月

《下等植物分类学》　　　　　　　　　　　　　　　1933 年 1 月

《大学丛书·动物学精义》（合译）　　　　　　　　　　　1933 年

《小学自然科教学法》　　　　　　　　　　　　　　　　1933 年

附录二
杜亚泉主要译著、著作和论文^①

（一）译著	出版时间
《支那文明史论》	1901 年底
《社会主义神髓》	1923 年 11 月
《战争哲学》	1923 年 12 月
《处世哲学》	1923 年 12 月
《食物与卫生》	1924 年 4 月

（二）著作	出版时间
《辛亥革命史》	1923 年 12 月
《帝制运动始末记》	1923 年 12 月
《欧战发生史》（合著）	1923 年 12 月

---

① 根据《杜亚泉生平大事年表》和《杜亚泉学术年谱简编》整理。分别见许纪霖、田建业编：《杜亚泉文存》，上海教育出版社 2003 年版，第 485—493 页；许纪霖、田建业编：《一溪集——杜亚泉的生平与思想》，生活·读书·新知三联书店 1999 年版，第 243—307 页。另参考了《东方杂志》。

《大战杂话》（合著）	1923 年 12 月
《俄国大革命记略》（合著）	1923 年 12 月
《东西文化批评》（上册）	1923 年 12 月
《甘地主义》	1923 年 12 月
《人生哲学》	1929 年 8 月
《博史》	1933 年 4 月

（三）工具书	出版时间
《辞源》（参与编写）	1915 年
《植物学大辞典》（主编）	1918 年 2 月
《动物学大辞典》（主编）	1922 年 10 月
《小学自然科词书》（合编）	1934 年 3 月

（四）论文	刊载刊物及时间
《〈亚泉杂志〉序》	《亚泉杂志》第一期，1900 年
《化学原质新表》	《亚泉杂志》第一期，1900 年
《质点论》	《亚泉杂志》第一期，1900 年
《麻布洗涤法》	《亚泉杂志》第一期，1900 年
《木器塞漏法》	《亚泉杂志》第一期，1900 年
《钙之制法及性质》	《亚泉杂志》第一期，1900 年
《天气预报器》	《亚泉杂志》第一期，1900 年
《地球风向图》	《亚泉杂志》第一期，1900 年
《考察金石表》	《亚泉杂志》第一期，1900 年
《探南极之航路》	《亚泉杂志》第一期，1900 年

《日本长野县蚕桑业同志会委员中村利元采访中国蚕业记》（译文）

《亚泉杂志》第一期，1900 年

《算学问题》　　　　　　　　　　《亚泉杂志》第一期，1900 年

《矿物理学》　　　　　　　　　　《亚泉杂志》第二期，1900 年

《食物标准及食物化分表》　　　　《亚泉杂志》第二期，1900 年

《质点论》（续）　　　　　　　　《亚泉杂志》第二期，1900 年

《配合各色玻璃材料方》　　　　　《亚泉杂志》第二期，1900 年

《蚕与光线之相关》　　　　　　　《亚泉杂志》第二期，1900 年

《显影药水新法》　　　　　　　　《亚泉杂志》第二期，1900 年

《算题问答》　　　　　　　　　　《亚泉杂志》第二期，1900 年

《化学问题》　　　　　　　　　　《亚泉杂志》第二期，1900 年

《化学理论》　　　　　　　　　　《亚泉杂志》第三期，1900 年

《化学奇观》　　　　　　　　　　《亚泉杂志》第三期，1900 年

《考察金石表》（续）　　　　　　《亚泉杂志》第三期，1900 年

《日本长野县蚕桑业同志会委员中村利元采访中国蚕业记》（译文）（续）

《亚泉杂志》第三期，1900 年

《微积答问》　　　　　　　　　　《亚泉杂志》第三期，1900 年

《质学问题》　　　　　　　　　　《亚泉杂志》第三期，1900 年

《算题问答》　　　　　　　　　　《亚泉杂志》第三期，1900 年

《定性分析》（译文）　　　　　　《亚泉杂志》第四期，1901 年

《化学理论》（续）　　　　　　　《亚泉杂志》第四期，1901 年

《显影新方》　　　　　　　　　　《亚泉杂志》第四期，1901 年

《微积答问》（续）　　　　　　　《亚泉杂志》第四期，1901 年

《算题答问》　　　　　　　　　　《亚泉杂志》第四期，1901 年

《论地震》　　　　　　　　　　　《亚泉杂志》第五期，1901 年

《电学试验》　　　　　　　　　　《亚泉杂志》第五期，1901 年

《定性分析》（续）　　　　　　　　《亚泉杂志》第五期，1901 年

《算题答问》　　　　　　　　　　　《亚泉杂志》第五期，1901 年

《化学周期律》　　　　　　　　　　《亚泉杂志》第六期，1901 年

《定性分析》（续）　　　　　　　　《亚泉杂志》第六期，1901 年

《电学试验》（续）　　　　　　　　《亚泉杂志》第六期，1901 年

《日本长野县蚕桑业同志会委员中村利元采访中国蚕业记》（译文）
（续）　　　　　　　　　　　　　　《亚泉杂志》第六期，1901 年

《算题答问》　　　　　　　　　　　《亚泉杂志》第六期，1901 年

《述铜铌钼三原质之性情》　　　　　《亚泉杂志》第七期，1901 年

《铍即铯考》　　　　　　　　　　　《亚泉杂志》第七期，1901 年

《论火山》　　　　　　　　　　　　《亚泉杂志》第七期，1901 年

《流质皮面之收缩力》　　　　　　　《亚泉杂志》第七期，1901 年

《定性分析》（续）　　　　　　　　《亚泉杂志》第七期，1901 年

《日本理学书目》　　　　　　　　　《亚泉杂志》第七期，1901 年

《互相问答》　　　　　　　　　　　《亚泉杂志》第七期，1901 年

《博物学总义》　　　　　　　　　　《亚泉杂志》第八期，1901 年

《论氩》　　　　　　　　　　　　　《亚泉杂志》第八期，1901 年

《论歇儞谟》　　　　　　　　　　　《亚泉杂志》第八期，1901 年

《电学试验》（续）　　　　　　　　《亚泉杂志》第八期，1901 年

《日本理学及数学书目》　　　　　　《亚泉杂志》第八期，1901 年

《定性分析》（续）　　　　　　　　《亚泉杂志》第八期，1901 年

《珠盘开方法》　　　　　　　　　　《亚泉杂志》第八期，1901 年

《算题问答》　　　　　　　　　　　《亚泉杂志》第八期，1901 年

《论物质之溶和》　　　　　　　　　《亚泉杂志》第九期，1901 年

《定性分析》（续）　　　　　　　　《亚泉杂志》第九期，1901 年

《自来火工业》　　　　　　　　　　《亚泉杂志》第九期，1901 年

《珠盘开方法》（续）　　　　　　《亚泉杂志》第九期，1901 年

《幻视图》　　　　　　　　　　　《亚泉杂志》第九期，1901 年

《防腐及贮藏法》　　　　　　　　《亚泉杂志》第十期，1901 年

《定性分析》（续）　　　　　　　《亚泉杂志》第十期，1901 年

《日本算学书目》　　　　　　　　《亚泉杂志》第十期，1901 年

《电学试验》（续）　　　　　　　《亚泉杂志》第十期，1901 年

《算题答问》　　　　　　　　　　《亚泉杂志》第十期，1901 年

《化学答问》　　　　　　　　　　《亚泉杂志》第十期，1901 年

《级数求和》　　　　　　　　　　《普通学报》第一期，1901 年

《有机物质之鉴别法》　　　　　　《普通学报》第一期，1901 年

《论洋蓝》　　　　　　　　　　　《普通学报》第一期，1901 年

《土壤之种类》　　　　　　　　　《普通学报》第一期，1901 年

《日本假名文字考》　　　　　　　《普通学报》第一期，1901 年

《无极太极论》　　　　　　　　　《普通学报》第二期，1901 年

《普通矿物学序言》　　　　　　　《普通学报》第二期，1901 年

《西乡从道传》（译文）　　　　　《普通学报》第三期，1902 年

《谈蚁》（译文）　　　　　　　　《普通学报》第三期，1902 年

《西乡从道传》（译文）（续）　　《普通学报》第四期，1902 年

《岩山纪要》　　　　　　　　　　《普通学报》第四期，1902 年

《浔溪公学开校之演说》　　　　　《普通学报》第四期，1902 年

《心理学概述》　　　　　　　　　《普通学报》第五期，1902 年

《植物分类学》　　　　　　　　　《普通学报》第五期，1902 年

《物质进化论》　　　　　《东方杂志》第二卷第四号，1905 年

《伦理标准说》　　　　　《东方杂志》第二卷第五号，1905 年

《比较中法度量衡说帖上会议政务处》

　　　　　　　　　　　　《东方杂志》第五卷第七号，1908 年

《理科小识》　　　　　　　　　《东方杂志》第六卷第一号，1909 年

《理科小识》（续）　　　　　　《东方杂志》第六卷第五号，1909 年

《减政主义》　　　　　　　　　《东方杂志》第八卷第一号，1911 年

《政党论》　　　　　　　　　　《东方杂志》第八卷第一号，1911 年

《英国政界之现在与将来》　　　《东方杂志》第八卷第一号，1911 年

《中国文字之将来》（译文）　　《东方杂志》第八卷第一号，1911 年

《论今日之教育行政》　　　　　《东方杂志》第八卷第二号，1911 年

《加查氏之东西两洋论》（译文）

　　　　　　　　　　　　　　　《东方杂志》第八卷第二号，1911 年

《述处世哲学》　　　　　　　　《东方杂志》第八卷第二号，1911 年

《食物养生法》（译文）　　　　《东方杂志》第八卷第二号，1911 年

《鼠疫之预防及看护法》（译文）

　　　　　　　　　　　　　　　《东方杂志》第八卷第二号，1911 年

《日本人对于四国借款之言论》

　　　　　　　　　　　　　　　《东方杂志》第八卷第三号，1911 年

《外交之新局面》（译文）　　　《东方杂志》第八卷第三号，1911 年

《墨西哥乱事记》　　　　　　　《东方杂志》第八卷第三号，1911 年

《摩洛哥事件》　　　　　　　　《东方杂志》第八卷第三号，1911 年

《纪俄相司徒连平辞职事》　　　《东方杂志》第八卷第三号，1911 年

《东西洋社会根本之差异》（译文）

　　　　　　　　　　　　　　　《东方杂志》第八卷第三号，1911 年

《述处世哲学》（续）　　　　　《东方杂志》第八卷第三号，1911 年

《着色茶之禁止》（译文）　　　《东方杂志》第八卷第三号，1911 年

《论蓄妾》　　　　　　　　　　《东方杂志》第八卷第四号，1911 年

《英皇之加冕礼》　　　　　　　《东方杂志》第八卷第四号，1911 年

《英国之帝国会议》　　　　　　《东方杂志》第八卷第四号，1911 年

《美国之新国民主义》（译文）　　　《东方杂志》第八卷第四号，1911 年

《论病为兴国之基》（译文）　　　　《东方杂志》第八卷第四号，1911 年

《英国之国外投资额》　　　　　　　《东方杂志》第八卷第四号，1911 年

《再纪摩洛哥事件》　　　　　　　　《东方杂志》第八卷第四号，1911 年

《马可波罗事略》　　　　　　　　　《东方杂志》第八卷第五号，1911 年

《永历太妃遣使于罗马教皇考》

　　　　　　　　　　　　　　　　　《东方杂志》第八卷第五号，1911 年

《摩洛哥与列强》　　　　　　　　　《东方杂志》第八卷第六号，1911 年

《后四国借款抗议》　　　　　　　　《东方杂志》第八卷第六号，1911 年

《不平安慰法》（译文）　　　　　　《东方杂志》第八卷第六号，1911 年

《日本之生活难》（译文）　　　　　《东方杂志》第八卷第六号，1911 年

《不平安慰法》（译文）（续）　　　《东方杂志》第八卷第七号，1911 年

《论今日之教育行政》（续）　　　　《东方杂志》第八卷第八号，1911 年

《英国政争之经过》　　　　　　　　《东方杂志》第八卷第八号，1911 年

《大同盟罢业》　　　　　　　　　　《东方杂志》第八卷第八号，1911 年

《川路事变记》　　　　　　　　　　《东方杂志》第八卷第八号，1911 年

《世界多事之年》　　　　　　　　　《东方杂志》第八卷第八号，1911 年

《革命战争》　　　　　　　　　　　《东方杂志》第八卷第九号，1911 年

《论俄德协议》　　　　　　　　　　《东方杂志》第八卷第九号，1911 年

《革命战事记》　　　　　　　　　　《东方杂志》第八卷第九号，1911 年

《纪意土战争》　　　　　　　　　　《东方杂志》第八卷第九号，1911 年

《海地共和国革命》　　　　　　　　《东方杂志》第八卷第九号，1911 年

《中华民国之前途》　　　　　　　　《东方杂志》第八卷第十号，1912 年

《革命成功记》　　　　　　　　　　《东方杂志》第八卷第十号，1912 年

《墨西哥革命成功之伟人》（译文）

　　　　　　　　　　　　　　　　　《东方杂志》第八卷第十号，1912 年

《英国与印度》　　　　　　　　《东方杂志》第八卷第十号，1912 年

《东洋最初之共和国》（译文）　《东方杂志》第八卷第十号，1912 年

《纪暹罗皇帝加冕礼》　　　　　《东方杂志》第八卷第十号，1912 年

《俄波之交涉》　　　　　　　　《东方杂志》第八卷第十号，1912 年

《的利波里问题》　　　　　　　《东方杂志》第八卷第十号，1912 年

《支那革命之成功与黄祸》（译文）

　　　　　　　　　　　　　　　《东方杂志》第八卷第十号，1912 年

《论共和折衷制》　　　　　　　《东方杂志》第八卷第十一号，1912 年

《英德之外交》　　　　　　　　《东方杂志》第八卷第十一号，1912 年

《德国之经营胶州湾》　　　　　《东方杂志》第八卷第十一号，1912 年

《年龄论》（译文）　　　　　　《东方杂志》第八卷第十一号，1912 年

《生活困难之研究》　　　　　　《东方杂志》第八卷第十一号，1912 年

《临时政府借债汇记》　　　　　《东方杂志》第八卷第十一号，1912 年

《万国鸦片会议》（译文）

　　　　　　　　　　　　　　　《东方杂志》第八卷第十一号，1912 年

《中裁条约之将来》（译文）

　　　　　　　　　　　　　　　《东方杂志》第八卷第十一号，1912 年

《英国煤矿工之大同盟罢业》

　　　　　　　　　　　　　　　《东方杂志》第八卷第十一号，1912 年

《意土之讲和》　　　　　　　　《东方杂志》第八卷第十一号，1912 年

《社会主义神髓》（译文）　　　《东方杂志》第八卷第十一号，1912 年

《雷锭发明者居里夫人小传》　《东方杂志》第八卷第十一号，1912 年

《中央财政概论》　　　　　　　《东方杂志》第八卷第十二号，1912 年

《奥地利与匈牙利》　　　　　　《东方杂志》第八卷第十二号，1912 年

《泗水华侨与和兰警察之冲突》

　　　　　　　　　　　　　　　《东方杂志》第八卷第十二号，1912 年

《巴拿玛运河之影响》　　　《东方杂志》第八卷第十二号，1912 年

《社会主义神髓》（译文）（续）

　　　　　　　　　　　　　《东方杂志》第八卷第十二号，1912 年

《尿粪制造燃灯瓦斯》　　　《东方杂志》第八卷第十二号，1912 年

《论依赖外债之误国》　　　《东方杂志》第九卷第一号，1912 年

《银行团之借债及垫款之交涉》

　　　　　　　　　　　　　《东方杂志》第九卷第一号，1912 年

《塔虎脱与罗斯福》　　　　《东方杂志》第九卷第一号，1912 年

《清宫秘史》　　　　　　　《东方杂志》第九卷第一号，1912 年

《社会主义神髓》（译文）（续）

　　　　　　　　　　　　　《东方杂志》第九卷第一号，1912 年

《论命令之性质及范围》　　《东方杂志》第九卷第二号，1912 年

《外蒙古之宣布独立》　　　《东方杂志》第九卷第二号，1912 年

《清宫秘史》（续）　　　　《东方杂志》第九卷第二号，1912 年

《社会主义神髓》（译文）（续）

　　　　　　　　　　　　　《东方杂志》第九卷第二号，1912 年

《论省制及省官制》　　　　《东方杂志》第九卷第三号，1912 年

《社会主义神髓》（译文）（续）

　　　　　　　　　　　　　《东方杂志》第九卷第三号，1912 年

《论人民重视官吏之害》　　《东方杂志》第九卷第四号，1912 年

《共和政体与国民心理》　　《东方杂志》第九卷第五号，1912 年

《论切音字母》　　　　　　《东方杂志》第九卷第五号，1912 年

《省制仿普鲁士州制之商榷》《东方杂志》第九卷第五号，1912 年

《日本明治时代之进步》（译文）

　　　　　　　　　　　　　《东方杂志》第九卷第五号，1912 年

《日本明治天皇大丧纪》　　《东方杂志》第九卷第五号，1912 年

《独立命令论》　　　　　　　　《东方杂志》第九卷第六号，1912 年
《中华民国第一届国庆纪事》　　《东方杂志》第九卷第六号，1912 年
《再论减政主义》　　　　　　　《东方杂志》第九卷第七号，1913 年
《〈十年以来中国政治通览〉上编中的〈通论〉与下编中的〈财政〉、
〈实业〉两篇》　　　　　　　　《东方杂志》第九卷第七号，1913 年
《吾人将以何法治疗社会之疾病乎》

　　　　　　　　　　　　　　　《东方杂志》第九卷第八号，1913 年
《独立后之库伦及俄蒙协议》　　《东方杂志》第九卷第八号，1913 年
《论中国之社会心理》　　　　　《东方杂志》第九卷第九号，1913 年
《论社会变动之趋势与吾人处世之方针》

　　　　　　　　　　　　　　　《东方杂志》第九卷第十号，1913 年
《现代文明之弱点》　　　　　　《东方杂志》第九卷第十一号，1913 年
《西康建省谈》　　　　　　　　《东方杂志》第九卷第十一号，1913 年
《西康建省谈》（续）　　　　　《东方杂志》第九卷第十二号，1913 年
《大借款之经过及其成立》　　　《东方杂志》第九卷第十二号，1913 年
《精神救国论》　　　　　　　　《东方杂志》第十卷第一号，1913 年
《对于筹备巴拿马赛会之意见》

　　　　　　　　　　　　　　　《东方杂志》第十卷第一号，1913 年
《精神救国论》（续）　　　　　《东方杂志》第十卷第二号，1913 年
《精神救国论》（续）　　　　　《东方杂志》第十卷第三号，1913 年
《革命战争之经过及其失败》　　《东方杂志》第十卷第三号，1913 年
《国民今后之道德》　　　　　　《东方杂志》第十卷第五号，1913 年
《理性之势力》　　　　　　　　《东方杂志》第十卷第六号，1913 年
《中俄关于蒙事协商之成立》　　《东方杂志》第十卷第六号，1913 年
《个人之改革》　　　　　　　　《东方杂志》第十卷第十二号，1914 年
《接续主义》　　　　　　　　　《东方杂志》第十一卷第一号，1914 年

《策消极》　　　　　　　　　　《东方杂志》第十一卷第二号，1914 年

《欧洲大战争开始》　　　　　　《东方杂志》第十一卷第二号，1914 年

《大战争与中国》　　　　　　　《东方杂志》第十一卷第三号，1914 年

《战争杂话》　　　　　　　　　《东方杂志》第十一卷第三号，1914 年

《大战争续记》　　　　　　　　《东方杂志》第十一卷第三号，1914 年

《大战争之所感》　　　　　　　《东方杂志》第十一卷第四号，1914 年

《大战争续记二》　　　　　　　《东方杂志》第十一卷第四号，1914 年

《破除享福之目的》　　　　　　《东方杂志》第十一卷第五号，1914 年

《大战争续记三》　　　　　　　《东方杂志》第十一卷第五号，1914 年

《社会协力主义》　　　　　　　《东方杂志》第十二卷第一号，1915 年

《大战争续记四》　　　　　　　《东方杂志》第十二卷第一号，1915 年

《自治之商榷》　　　　　　　　《东方杂志》第十二卷第二号，1915 年

《欧美社会党之消息》（译文）　《东方杂志》第十二卷第二号，1915 年

《日本众议院之解散》　　　　　《东方杂志》第十二卷第二号，1915 年

《论思想战》　　　　　　　　　《东方杂志》第十二卷第三号，1915 年

《大战争续记五》　　　　　　　《东方杂志》第十二卷第三号，1915 年

《国家自卫论》　　　　　　　　《东方杂志》第十二卷第四号，1915 年

《日本要求事件》　　　　　　　《东方杂志》第十二卷第四号，1915 年

《德国般哈提将军主战论之概略》（译文）

　　　　　　　　　　　　　　《东方杂志》第十二卷第四号，1915 年

《差等法》（谈屑）　　　　　　《东方杂志》第十二卷第四号，1915 年

《戒早婚》（谈屑）　　　　　　《东方杂志》第十二卷第四号，1915 年

《度量》（谈屑）　　　　　　　《东方杂志》第十二卷第四号，1915 年

《政争》（谈屑）　　　　　　　《东方杂志》第十二卷第四号，1915 年

《战争与文学》　　　　　　　　《东方杂志》第十二卷第五号，1915 年

《大战争续记六》　　　　　　　《东方杂志》第十二卷第五号，1915 年

《恰克图会议之经过》　　　　《东方杂志》第十二卷第五号，1915 年

《日本选举运动之内幕》　　　《东方杂志》第十二卷第五号，1915 年

《德国般哈提将军主战论之概略》（译文）（续）

　　　　　　　　　　　　　　《东方杂志》第十二卷第五号，1915 年

《商会》（谈屑）　　　　　　《东方杂志》第十二卷第五号，1915 年

《波海会》（谈屑）　　　　　《东方杂志》第十二卷第五号，1915 年

《隐逸》（谈屑）　　　　　　《东方杂志》第十二卷第五号，1915 年

《国民对外方法之考察》　　　《东方杂志》第十二卷第六号，1915 年

《假亲王》（外交新剧）　　　《东方杂志》第十二卷第六号，1915 年

《日人之开发中国富源论》（译文）

　　　　　　　　　　　　　　《东方杂志》第十二卷第六号，1915 年

《纪远东运动会》　　　　　　《东方杂志》第十二卷第六号，1915 年

《谈名利》（谈屑）　　　　　《东方杂志》第十二卷第六号，1915 年

《国民意思之发表》（谈屑）　《东方杂志》第十二卷第六号，1915 年

《产业组合》（谈屑）　　　　《东方杂志》第十二卷第六号，1915 年

《禁酒与禁烟》（谈屑）　　　《东方杂志》第十二卷第六号，1915 年

《消极之兴业谈》　　　　　　《东方杂志》第十二卷第七号，1915 年

《命运说》　　　　　　　　　《东方杂志》第十二卷第七号，1915 年

《假亲王》（外交新剧）（续）《东方杂志》第十二卷第七号，1915 年

《日人对于中日交涉解决后之言论》

　　　　　　　　　　　　　　《东方杂志》第十二卷第七号，1915 年

《职业知识》（谈屑）　　　　《东方杂志》第十二卷第七号，1915 年

《知事试验》（谈屑）　　　　《东方杂志》第十二卷第七号，1915 年

《国情之歧异》（谈屑）　　　《东方杂志》第十二卷第七号，1915 年

《读色嘉纳幸福论书后》　　　《东方杂志》第十二卷第七号，1915 年

《假亲王》（外交新剧）（续）《东方杂志》第十二卷第七号，1915 年

《大战争续记七》　　　　　　《东方杂志》第十二卷第八号，1915 年

《劝业委员会》（谈屑）　　　《东方杂志》第十二卷第九号，1915 年

《德意志帝国主义之由来》（译文）

　　　　　　　　　　　　　　《东方杂志》第十二卷第九号，1915 年

《吾人今后之自觉》　　　　　《东方杂志》第十二卷第十号，1915 年

《欧战之感想》（谈屑）　　　《东方杂志》第十二卷第十号，1915 年

《慈善事业》（谈屑）　　　　《东方杂志》第十二卷第十号，1915 年

《大战争续记八》　　　　　　《东方杂志》第十二卷第十号，1915 年

《国民共同之概念》　　　　　《东方杂志》第十二卷第十一号，1915 年

《大战争续记九》　　　　　　《东方杂志》第十二卷第十二号，1915 年

《俄国军队之缺点》（译文）

　　　　　　　　　　　　　　《东方杂志》第十二卷第十二号，1915 年

《英德海上对抗之大势》　　　《东方杂志》第十三卷第一号，1916 年

《欧洲战乱与社会党》（译文）　《东方杂志》第十三卷第二号，1916 年

《家庭与国家》　　　　　　　《东方杂志》第十三卷第三号，1916 年

《大战争续记十》　　　　　　《东方杂志》第十三卷第三号，1916 年

《从生物现象上观察之战争》

　　　　　　　　　　　　　　《东方杂志》第十三卷第三号，1916 年

《保护宜昌石龙记》　　　　　《东方杂志》第十三卷第三号，1916 年

《再论新旧思想之冲突》　　　《东方杂志》第十三卷第四号，1916 年

《妇女参政权运动小史》（译文）

　　　　　　　　　　　　　　《东方杂志》第十三卷第四号，1916 年

《爱与争》　　　　　　　　　《东方杂志》第十三卷第五号，1916 年

《论国音字母》　　　　　　　《东方杂志》第十三卷第五号，1916 年

《力之调节》　　　　　　　　《东方杂志》第十三卷第六号，1916 年

《天意与民意》　　　　　　　《东方杂志》第十三卷第七号，1916 年

《集权与分权》　　　　　　　《东方杂志》第十三卷第七号，1916 年

《帝制运动始末记》　　　　　《东方杂志》第十三卷第七号，1916 年

《集权与分权》（续）　　　　《东方杂志》第十三卷第八号，1916 年

《帝制运动始末记》（续）　　《东方杂志》第十三卷第八号，1916 年

《论民主立宪之政治主义不适于现今之时势》

　　　　　　　　　　　　　　《东方杂志》第十三卷第九号，1916 年

《梁任公先生之谈话》　　　　《东方杂志》第十三卷第九号，1916 年

《帝制运动始末记》（续）　　《东方杂志》第十三卷第九号，1916 年

《日本人之领土购买政策论》（译文）

　　　　　　　　　　　　　　《东方杂志》第十三卷第九号，1916 年

《静的文明与动的文明》　　　《东方杂志》第十三卷第十号，1916 年

《予所想望于大总统者》　　　《东方杂志》第十三卷第十号，1916 年

《帝制运动始末记》（续）　　《东方杂志》第十三卷第十号，1916 年

《中西验方新编叙言》　　　　《东方杂志》第十三卷第十一号，1916 年

《大战争续记十一》　　　　　《东方杂志》第十三卷第十二号，1916 年

《外交曝言》　　　　　　　　《东方杂志》第十四卷第一号，1917 年

《预言与暗示》（谈屑）　　　《东方杂志》第十四卷第一号，1917 年

《中国人果惰乎》（谈屑）　　《东方杂志》第十四卷第一号，1917 年

《男女及家庭》（谈屑）　　　《东方杂志》第十四卷第一号，1917 年

《钢骨三和土建筑法述略》　　《东方杂志》第十四卷第一号，1917 年

《予之蔬食主义及方法》（谈屑）

　　　　　　　　　　　　　　《东方杂志》第十四卷第二号，1917 年

《选举与考试》（谈屑）　　　《东方杂志》第十四卷第二号，1917 年

《个人与国家之界说》　　　　《东方杂志》第十四卷第三号，1917 年

《妇女职业》（谈屑）　　　　《东方杂志》第十四卷第三号，1917 年

《农村之娱乐》（谈屑）　　　《东方杂志》第十四卷第三号，1917 年

《战后东西文明之调和》　　　　《东方杂志》第十四卷第四号，1917 年

《日本议会解散记》　　　　　　《东方杂志》第十四卷第四号，1917 年

《旅居暹罗之中国人》（译文）　《东方杂志》第十四卷第四号，1917 年

《俄国大革命之经过》　　　　　《东方杂志》第十四卷第五号，1917 年

《自由结婚》（谈屑）　　　　　《东方杂志》第十四卷第五号，1917 年

《文明结婚》（谈屑）　　　　　《东方杂志》第十四卷第五号，1917 年

《说俭》　　　　　　　　　　　《东方杂志》第十四卷第六号，1917 年

《未来之世局》　　　　　　　　《东方杂志》第十四卷第七号，1917 年

《今后时局之觉悟》　　　　　　《东方杂志》第十四卷第八号，1917 年

《国会之解散》（谈屑）　　　　《东方杂志》第十四卷第八号，1917 年

《游场与公园》（谈屑）　　　　《东方杂志》第十四卷第八号，1917 年

《交友》（谈屑）　　　　　　　《东方杂志》第十四卷第八号，1917 年

《运河政策》（译文）　　　　　《东方杂志》第十四卷第八号，1917 年

《真共和不能以武力求之论》

　　　　　　　　　　　　　　　《东方杂志》第十四卷第九号，1917 年

《宣战与时局之关系》　　　　　《东方杂志》第十四卷第九号，1917 年

《国内调查》（谈屑）　　　　　《东方杂志》第十四卷第九号，1917 年

《防盗》（谈屑）　　　　　　　《东方杂志》第十四卷第九号，1917 年

《美国之参战与战后之变动》（译文）

　　　　　　　　　　　　　　　《东方杂志》第十四卷第十一号，1917 年

《革命后之俄国近情》　　　　　《东方杂志》第十四卷第十二号，1917 年

《世界人之世界主义》（译文）

　　　　　　　　　　　　　　　《东方杂志》第十四卷第十二号，1917 年

《义勇农》（谈屑）　　　　　　《东方杂志》第十四卷第十二号，1917 年

《战争时代多产男子之实据》（谈屑）

　　　　　　　　　　　　　　　《东方杂志》第十四卷第十二号，1917 年

《最轻之金属与最轻之气体》（谈屑）

《东方杂志》第十四卷第十二号，1917年

《力之经济》（谈屑）　　　《东方杂志》第十四卷第十二号，1917年

《殖民》（谈屑）　　　　　《东方杂志》第十四卷第十二号，1917年

《墓地》（谈屑）　　　　　《东方杂志》第十四卷第十二号，1917年

《推测中国社会将来之变迁》

《东方杂志》第十五卷第一号，1918年

《续记俄国之近状》　　　　《东方杂志》第十五卷第一号，1918年

《劳动争议之解决方法》（译文）

《东方杂志》第十五卷第一号，1918年

《英国之富源》（译文）　　《东方杂志》第十五卷第一号，1918年

《矛盾之调和》　　　　　　《东方杂志》第十五卷第二号，1918年

《政治上纷扰之原因》　　　《东方杂志》第十五卷第二号，1918年

《论移民海外之利害》（译文）

《东方杂志》第十五卷第二号，1918年

《死之哲学》（谈屑）　　　《东方杂志》第十五卷第三号，1918年

《中国农田收获量与德国之比较》（谈屑）

《东方杂志》第十五卷第三号，1918年

《北美合众国之人口状态》（译文）

《东方杂志》第十五卷第三号，1918年

《迷乱之现代人心》　　　　《东方杂志》第十五卷第四号，1918年

《〈工艺杂志〉序》　　　　《东方杂志》第十五卷第四号，1918年

《印度之宗教》（译文）　　《东方杂志》第十五卷第四号，1918年

《日本之对华政策及两国关系》（译文）

《东方杂志》第十五卷第四号，1918年

《金权与兵权》　　　　　　《东方杂志》第十五卷第五号，1918年

《中国财政之观察》（译文）　　《东方杂志》第十五卷第五号，1918 年

《论中日提携》（译文）　　　　《东方杂志》第十五卷第六号，1918 年

《美索波太迷亚之英德关系》（译文）

　　　　　　　　　　　　　　《东方杂志》第十五卷第六号，1918 年

《中国之新生命》　　　　　　《东方杂志》第十五卷第七号，1918 年

《山东之苦力》（译文）　　　　《东方杂志》第十五卷第七号，1918 年

《罗马灭亡之经济考察》（译文）

　　　　　　　　　　　　　　《东方杂志》第十五卷第七号，1918 年

《劳动主义》　　　　　　　　《东方杂志》第十五卷第八号，1918 年

《国家主义之考虑》　　　　　《东方杂志》第十五卷第八号，1918 年

《国文典式例》　　　　　　　《东方杂志》第十五卷第八号，1918 年

《欧战延长之原因及与我国之关系》

　　　　　　　　　　　　　　《东方杂志》第十五卷第九号，1918 年

《去年中国铁路之概况》（译文）

　　　　　　　　　　　　　　《东方杂志》第十五卷第九号，1918 年

《西伯利亚事情》（译文）　　　《东方杂志》第十五卷第九号，1918 年

《对于未来世界之准备如何》

　　　　　　　　　　　　　　《东方杂志》第十五卷第十号，1918 年

《教育之指导》（谈屑）　　　　《东方杂志》第十五卷第十号，1918 年

《迷误之告文》（谈屑）　　　　《东方杂志》第十五卷第十号，1918 年

《蒙满经济大要》（译文）　　　《东方杂志》第十五卷第十号，1918 年

《日本米风潮中之日人言论》（译文）

　　　　　　　　　　　　　　《东方杂志》第十五卷第十号，1918 年

《侨居都市者对于乡里之责任》（谈屑）

　　　　　　　　　　　　　　《东方杂志》第十五卷第十一号，1918 年

《族葬》（谈屑）　　　　　　　《东方杂志》第十五卷第十一号，1918 年

《新亚细亚主义》（译文）　　　《东方杂志》第十五卷第十一号，1918 年

《战后美国之移民问题》（译文）

　　　　　　　　　　　　　　《东方杂志》第十五卷第十一号，1918 年

《言论势力失坠之原因》　　　《东方杂志》第十五卷第十二号，1918 年

《答〈新青年〉杂志记者之质问》

　　　　　　　　　　　　　　《东方杂志》第十五卷第十二号，1918 年

《欧洲大战与中国历史之比较》

　　　　　　　　　　　　　　《东方杂志》第十五卷第十二号，1918 年

《大战终结后国人之觉悟如何》

　　　　　　　　　　　　　　《东方杂志》第十六卷第一号，1919 年

《中国之内国关税》（译文）　《东方杂志》第十六卷第一号，1919 年

《欧战后中国所得之利益》　　《东方杂志》第十六卷第二号，1919 年

《高加索之过去现在及将来》（译文）

　　　　　　　　　　　　　　《东方杂志》第十六卷第二号，1919 年

《中国之糖业》（译文）　　　《东方杂志》第十六卷第三号，1919 年

《中国政治革命不成就及社会革命不发生之原因》

　　　　　　　　　　　　　　《东方杂志》第十六卷第四号，1919 年

《德意志屈服之原因》（译文）　《东方杂志》第十六卷第四号，1919 年

《中国兴业之先决问题》　　　《东方杂志》第十六卷第五号，1919 年

《太平洋之将来与列强之贸易战》（译文）

　　　　　　　　　　　　　　《东方杂志》第十六卷第五号，1919 年

《中等阶级论》（译文）　　　《东方杂志》第十六卷第六号，1919 年

《中国之电话事业》（译文）　《东方杂志》第十六卷第六号，1919 年

《美人及美国论》（译文）　　《东方杂志》第十六卷第七号，1919 年

《人种差别之意义》（译文）　《东方杂志》第十六卷第七号，1919 年

《历史上之世界支配者》（译文）《东方杂志》第十六卷第八号，1919 年

《美国之政治组织》（译文）　　　《东方杂志》第十六卷第八号，1919 年

《新旧思想之折衷》　　　　　　　《东方杂志》第十六卷第九号，1919 年

《美国之政治组织》（译文）（续）

　　　　　　　　　　　　　　　《东方杂志》第十六卷第九号，1919 年

《国际联盟之成立与日英同盟之将来》（译文）

　　　　　　　　　　　　　　　《东方杂志》第十六卷第九号，1919 年

《职业之高下》（谈屑）　　　　　《东方杂志》第十六卷第十号，1919 年

《奸商与死刑》（谈屑）　　　　　《东方杂志》第十六卷第十号，1919 年

《世界经济状况之变迁》（谈屑）

　　　　　　　　　　　　　　　《东方杂志》第十六卷第十号，1919 年

《知识阶级之团结》（谈屑）　　　《东方杂志》第十六卷第十号，1919 年

《国际法上之保护领》（译文）　　《东方杂志》第十六卷第十号，1919 年

《何谓新思想》　　　　　　　　　《东方杂志》第十六卷第十一号，1919 年

《共济组合论》（译文）　　　　　《东方杂志》第十六卷第十一号，1919 年

《国际法上之保护领》（译文）（续）

　　　　　　　　　　　　　　　《东方杂志》第十六卷第十一号，1919 年

《论通俗文》　　　　　　　　　　《东方杂志》第十六卷第十二号，1919 年

《对蒋梦麟〈何谓新思想〉一文的附志》

　　　　　　　　　　　　　　　《东方杂志》第十七卷第十二号，1920 年

《中国医学的研究方法》　　　　　　　《学艺》第二卷第八号，1920 年

《对于李石岑先生演讲〈旧伦理观与新伦理观〉的疑义和感想》

　　　　　　　　　　　　　　　　　《一般》第二卷第二号，1927 年

《关于情与理的辩论》　　　　　　　　《一般》第三卷第三号，1927 年

后　记

　　白发催年老，青阳逼岁除。弹指一挥间，不觉已到中年。接到人民出版社这本书的约稿，是 2013 年。七年过去，拖延再三，迟迟未能交稿，一是在写作的道路上，越是前行，越觉惶恐，观学海之大，方觉自身之渺小，生怕自己学养浅薄，辜负了出版社的信任；二是身在出版行业，面对竞争日趋激烈之市场，俗事缠身，确实很难有充裕的时间去写作。

　　所幸，本书的传主杜亚泉是我攻读硕士、博士学位期间所主要研究的个案，有这些研究做基础，写作起来就显得没有那么生疏。虽然不生疏，但为杜亚泉作传，却也并非易事。一般来说，传记内容应该要涵盖传主一生的主要事功，这就要求对基本的史料有比较全面的掌握。而相对于近代出版史上其他鼎鼎大名的出版家，杜亚泉的史料显得相对比较缺乏：他既没有日记、自传之类的文字留存于世，也没有多少与出版直接相关的著述，甚至亲朋好友对其的记叙也并不丰富——更多的是他身后对他的悼念和追忆。在这种情况之下，对杜亚泉形象的建构，不得已在某些地方只能采取一种"历史的想象"。当然，这种"想象"还是建立在基本的史料之上的，应该还是合理而必要的。

杜亚泉之所以值得我们来为他作传，毋庸置疑，因为他是中国科技出版的先驱，为近代科技在中国的传播做出了无可替代的贡献。而他更吸引我的，是他身上迸射出来的冷峻理性的人格光芒。他坚持自己的文化理想，坚持独立思考，不为时代潮流所裹挟，在我看来，这都是真正的知识分子难能可贵的品质。我们今天从事出版工作的同人，应该都是知识分子，而怎样恪守知识分子的角色定位，怎样为国家和民族的文化建设、为优秀传统文化的传承做出我们的贡献，依然是值得思考的问题。

本书在写作的过程中，得到过许多师长、朋友的关心和指导。

感谢我的导师范军先生。正是因为导师的提携和推荐，才有了担任本书作者的机会。从写作大纲的拟定开始，导师悉心擘画，考虑周详。在书稿写作的过程中，多少次邮件往来，多少次促膝长谈，导师的教导，让我往往"柳暗花明又一村"。书稿初稿完成后，老师更是逐字逐句亲笔修改。这样的关爱，我将永远铭感于心。

感谢吴永贵教授。吴永贵教授作为第二导师，又是"中国出版家丛书"编辑委员会的执行副主任，对本书的写作给予了诸多指导。从粗糙的草稿到后来的勉强成稿，数易其稿的过程中，吴永贵教授提出了极为宝贵的意见。

感谢人民出版社的贺畅主任和卓然等诸位老师，在她们宽容的等待和"严厉"的鞭策下，我才能保持写作的勇气和信心。

感谢我的父母。鸦有反哺之义，羊知跪乳之恩。父母虽早已到了颐养天年的年龄，但却依然为我操劳，哺育之恩，扶持之情，永世难忘。尤其要感谢我的岳父母，在我为繁重的工作和学业奋斗之时，他们默默地操持了全部的家务，让我从未为家庭琐事分心，没有他们的支持，断然不会有今天。感谢我的爱人，不仅在我求学的道路上时时鼓励，还从各方面给我尽可能的建议和支持，风雨同舟，携手同行。感谢我可爱的儿子，每天都会问我写了几千字，和他的嬉戏玩耍，让我忘记了疲劳。天伦之乐，如沐春风。感谢我的哥哥、妹妹，亲人的关怀，是我前进路上不竭的动力，同胞之情，血浓于水。

杜亚泉在出版上的成就是我永远无法企及的高峰。虽不能至，心向往焉。从踏入出版行业开始，我便矢志要为之奋斗终身。二十年来，虽屡遭挫折，却也一直恪守初心，不敢有些许懈怠。而本书即将成稿之时，由于一些个人未曾料到、也无法改变的原因，不得不离开出版行业，这当然是一件极大的憾事。然而传播知识、传播文化，绝非只有出版一途。杜亚泉年过五十，尚不遗余力创办新中华学院，如我辈等，有何资格不更勉力前行？人生已到半程，事业尚在起点，但"谁怕？一蓑烟雨任平生！"

作 者

2020 年 11 月 10 日于武汉

统　　筹：贺　畅
责任编辑：卓　然　贺　畅
封面设计：肖　辉　姚　菲
版式设计：汪　莹

图书在版编目（CIP）数据

中国出版家 . 杜亚泉 / 刘晓嘉 著 . —北京：人民出版社，2022.4
（中国出版家丛书 / 柳斌杰主编）
ISBN 978－7－01－022642－2

I.①中…　II.①刘…　III.①杜亚泉（1873～1933）－生平事迹　IV.① K825.42

中国版本图书馆 CIP 数据核字（2020）第 225213 号

中国出版家·杜亚泉

ZHONGGUO CHUBANJIA DU YAQUAN

刘晓嘉　著

人民出版社 出版发行

（100706　北京市东城区隆福寺街 99 号）

北京盛通印刷股份有限公司印刷　新华书店经销

2022 年 4 月第 1 版　2022 年 4 月北京第 1 次印刷
开本：710 毫米 ×1000 毫米 1/16　印张：14.5
字数：180 千字

ISBN 978－7－01－022642－2　定价：58.00 元

邮购地址 100706　北京市东城区隆福寺街 99 号
人民东方图书销售中心　电话：（010）65250042　65289539